Isidoro Sainz Ezquerra y Rozas

Arquitecto y urbanista
(1881-1961)

JUAN CARLOS PONGA MAYO

arquitecturaS

VOL. 3

Isidoro Sainz Ezquerra y Rozas

Arquitecto y urbanista
(1881-1961)

JUAN CARLOS PONGA MAYO

Ponga Mayo, Juan Carlos

Isidoro Sainz Ezquerra y Rozas : arquitecto y urbanista (1881-1961) / Juan Carlos Ponga Mayo. – [León] : Servicio de Publicaciones, Universidad de León, [2023]
127 p.: il., planos, fot. col. y bl. y n. ; 21 cm. – (ArquitecturaS ; v. 3)
Bibliogr. : p. 125-126
ISBN 978-84-19682-32-1
1.   Sainz Ezquerra y Rozas, Eduardo. 2. Arquitectura-España-León-1881-1961.
      2. Urbanismo-España-León-1881-1961 I. Universidad de León. Servicio de
      Publicaciones. II. Título, III. Serie.

72 Sainz Ezquerra
711.4 Sainz Ezquerra
72(460.181.2)"1881/1961"
711.4(460.181.2)"1881/1961"

Colección

arquitecturaS

Vol. 3

Directores de la colección:
Emilio Morais vallejo
Joaquín García Nistal

Diseño y maquetación:
David Aller Llamera

ISBN: 978-84-19682-32-1
Depósito legal: DL LE 439-2023

Imprime: Gráficas CELARAYN
Impreso en España - *Printed in Spain*
Noviembre, 2023

Índice

1. Nota De Entrada   **11**

2. Apuntes Biográficos   **15**

3. León a principios del siglo XX   **27**

4. La arquitectura de Isidoro Sainz Ezquerra   **33**

5. Sainz Ezquerra y el urbanismo de la ciudad   **37**

6. Obras de Sainz Ezquerra como arquitecto municipal
   6.1 Cementerio municipal   **47**
   6.2 Laboratorio municipal   **51**
   6.3 Edificio municipal de la plaza de San Marcelo   **51**

7. Primeras obras del ejercicio libre
   7.1 Casa unifamiliar almacén
      Calle Sierra Pambley 12, esquina a San Agustín   **55**
   7.2 Casa de vecinos
      Calle Padre Arintero, esquina a la plaza Circular   **59**
   7.3 Dos casas unifamiliares.
      Gran vía de San Marcos 29 y
      Calle Ramiro Fernández Balbuena 5   **63**
   7.4 Dos edificios industriales:
      Fábrica de chocolates y pastas para sopas,
      calle E del ensanche sur y almacenes
      y fábrica de chocolates, calle B del ensanche.   **67**

8. Arquitectura doméstica: hotelitos

8.1 Calle Padre Isla nº 57 **75**

8.2 Paseo Condesa de Sagasta I **77**

8.3 Paseo Condesa de Sagasta II **79**

8.4 Calle Padre Isla nº 3 **81**

8.5 Calle Ramón y Cajal nº 9 **85**

8.6 Calle de Ramiro Fernández Balbuena **87**

8.7 Plaza Cortes Leonesas, esquina calle del Fuero **89**

9. Arquitectura doméstica. Casas de vecinos

9.1 Avenida de Roma nº 4 **97**

9.2 Calle Renueva nº 15 **101**

9.3 Plaza Circular, esquina calle Julio del Campo **103**

9.4 Calle Burgo Nuevo, esquina calle Villafranca **105**

9.5 Calle La Torre nº 3 **107**

9.6 Paseo de la Condesa de Sagasta 38-40 **109**

9.7 Calle Ordoño II nº 13, esquina calle Gil y Carrasco **111**

9.8 Calle Gil y Carrasco nº 7, esquina Burgo Nuevo **115**

9.9 Calle Bernardo del Carpio nº 22 **117**

9.10 Calle Alfonso V nº 3 y 5 **119**

9.11 Paseo de la Facultad (antes Lealtad) nº 4 y 5 **121**

Bibliografía **125**

Cuadro sinóptico y plano de localización **128**

Nota de entrada

Nota de entrada

Se me encarga un estudio sobre uno de los arquitectos que han trabajado en la ciudad de León a lo largo del siglo XX y he elegido a Isidoro Sainz Ezquerra que ocupó el puesto de arquitecto municipal de la ciudad durante casi cuarenta años.

La primera vez que tuve referencias de este arquitecto fue en el Archivo Histórico Municipal buscando documentación sobre los edificios levantados en la ciudad en la primera mitad del siglo XX, para elaborar lo que sería mi primer libro: *El Ensanche de la ciudad de León. 1900-1950. Cincuenta años de arquitectura.*

Sus obras, la mayoría en el Ensanche de la ciudad, llamaron siempre mi atención, no solo por la calidad y precisión de sus planos, sino también por el repertorio de elementos clásicos que ordena con maestría en sus edificios. Era un placer calcar sus planos, intentando darles la misma calidad y precisión.

Igualmente, su trabajo como urbanista me pareció en aquel momento muy interesante, aunque en algunas de las planificaciones no estuviera muy de acuerdo, destacando la realizada en el barrio de San Claudio, que analizamos más adelante, y la apertura de nuevas calles en el Ensanche.

Apuntes
biográficos

Apuntes biográficos

La relación de Isidoro Sainz Ezquerra (1881 - 1961) con León empezó en 1914, cuando fue nombrado arquitecto municipal.

Nació en Colindres, Santander, y estudió arquitectura en la Escuela de Madrid. Terminó en 1908 y, ese mismo año, se presentó a la plaza de arquitecto municipal de Palencia, puesto que acabaría consiguiendo el 15 de noviembre.

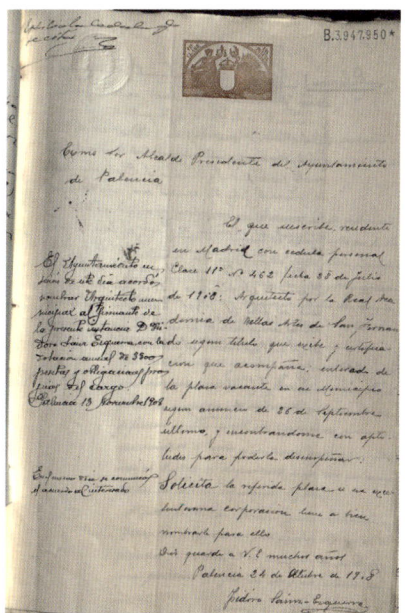

Fig. 1. Instancia de Sainz Ezquerra solicitando la plaza de arquitecto municipal de Palencia. AHMP.

Excmo. Sr. Alcalde-Presidente del Ayuntamiento de Palencia.

El que suscribe, residente en Madrid con cédula personal Clase 11ª nº 462 fecha 28 de Julio de 1908; Arquitecto por la Real Academia de Bellas Artes de San Fernando según título que exhibe y certificación que acompaña; enterado de la vacante de la plaza en ese Municipio según anuncio de 26 de Septiembre último, y encontrándome con aptitudes para poderla desempeñar: SOLICITA la referida plaza si esa excelentísima Corporación tiene a bien nombrarle para ello.
Dios Guarde a V. E. muchos años
Palencia 24 de Octubre de 1908
Isidoro Sainz Ezquerra

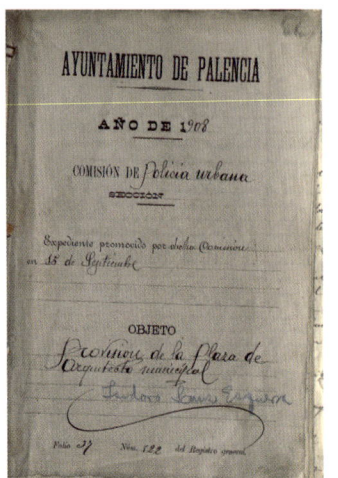
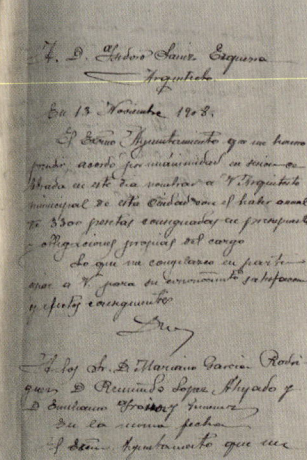
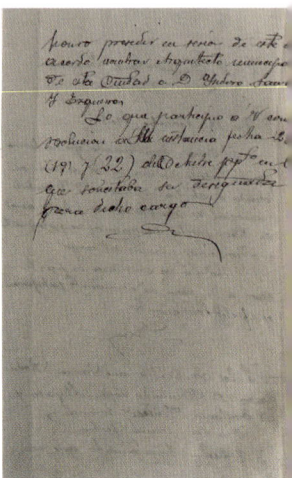

Fig. 2,3 y 4. Nombramiento de Sainz Ezquerra arquitecto municipal de Palencia. AHMP.

AYUNTAMIENTO DE PALENCIA
AÑO DE 1908
COMISIÓN DE Policía Urbana
Expediente promovido por dicha Comisión en 15 de Septiembre
OBJETO
Provisión de la Plaza de Arquitecto municipal
A D. Isidoro Sainz-Ezquerra, Arquitecto
El Excmo. Ayuntamiento que me honro presidir, acordó por unanimidad en sesión celebrada en este día nombrar a V. Arquitecto municipal de esta Ciudad con el haber anual de 3.300 pesetas consignadas en presupuesto y obligaciones propias del cargo.
Lo que me complazco en participar a V. para su conocimiento satisfacción y efectos consiguientes.
Firma ilegible

Sainz Ezquerra ocupa el cargo hasta 1911 cuando renuncia al mismo. No hay documentación al respecto que aclare las razones, pero en junio de 1911 la Comisión de Policía del Ayuntamiento de Palencia promueve el expediente de provisión de plaza de arquitecto municipal por la renuncia de D. Isidoro Sainz Ezquerra.

Según los registros del Archivo Histórico Municipal de Palencia, mientras ocupa la plaza de arquitecto de la ciudad, realiza los siguientes proyectos:

- Expropiación forzosa por causa de utilidad pública, ensanche y nueva alineación de la plaza de la Independencia (actual Pío XII). Año 1909.

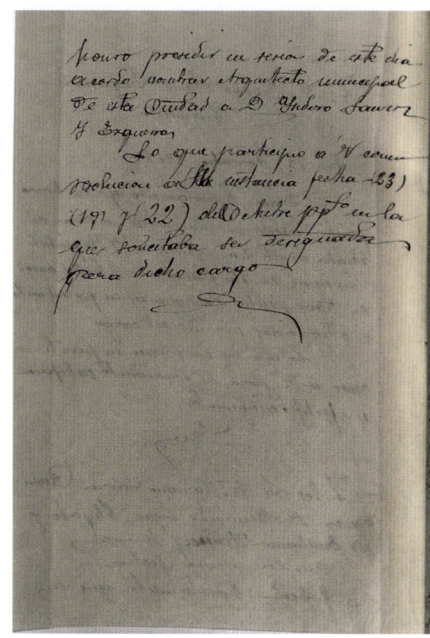

Fig. 5. Acta de la policía municipal sobre la renuncia al puesto de arquitecto municipal de Palencia. AHMP.

- Indemnización municipal a Joaquín Martínez García como propietario de varias casas en la calle del Cuervo (actual Juan de Castilla). Año 1910.

- Modificación del proyecto de colector en la calle Marqués de Albaida (1911). Año 1911.

No hay, en esta época, constancia de otras obras suyas.

Después de abandonar Palencia y hasta 1914 no hemos encontrado documentación que lo mencione. Su nieta, Dª Carmen Crespo Sainz-Ezquerra, afirma que estos años los pasó en Madrid, quizás en un estudio de arquitectura.

El 16 de septiembre de 1914 el pleno del Ayuntamiento de León resuelve el concurso de la plaza de arquitecto que ha dejado vacante Manuel de Cárdenas y Pastor, al ser designado arquitecto de la Diputación Provincial.

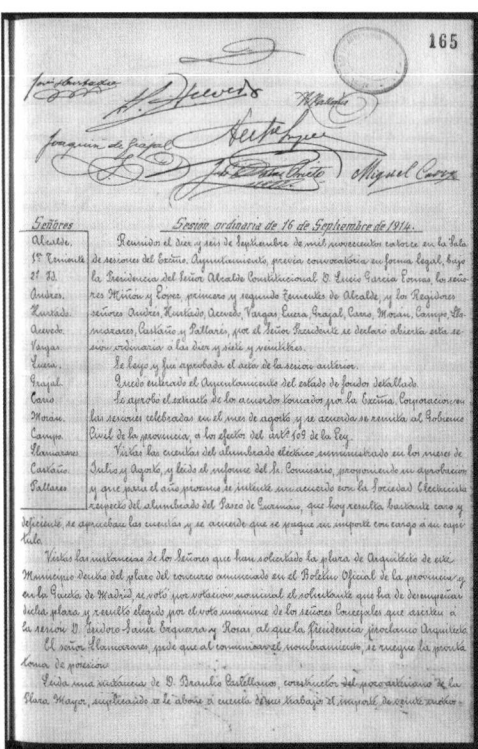

Fig. 6. Acta del nombramiento como arquitecto municipal de León. AHML.

Sesión ordinaria de 16 de Septiembre de 1914

Reunidos el dieciséis de septiembre de mil novecientos catorce en las Sala de Sesiones del Excmo. Ayuntamiento previa convocatoria en forma legal bajo la Presidencia del Señor Alcalde Constitucional D. Lucio García Lomas, los señores Miñón y López, primero y segundo Tenientes de Alcalde y los Regidores señores Andrés, Hurtado, Acevedo, Vargas, Luera, Grajal, Curro, Moral, Campo, Llamazares, Castaño y Pallarés, por el Señor Presidente se declaró abierta esta sesión ordinaria a las diez y siete y veintitrés.

Se leyó y fue aprobada el acta de la sesión anterior

…

Vistas las instancias de los Señores que han solicitado la plaza de Arquitecto de este Municipio dentro del plazo del concurso anunciado en el Boletín Oficial de la Provincia y en la Gaceta de Madrid, se votó por votación nominal el solicitante que ha de desempeñar dicha plaza y resultó elegido por el voto unánime de los señores Concejales que asiste a la sesión D. Isidoro Sainz Ezquerra y Rozas, al que la Presidencia proclamó arquitecto.

El Señor Llamazares, pide que al comunicar el nombramiento, se ruegue la pronta toma de posesión

Isidoro Sainz Esquerra y Rozas es nombrado por unanimidad de los concejales asistentes, según consta en el Libro de Actas Municipal. Para la plaza se habían presentado también los arquitectos Antonio Alcaide de la Puente y Gregorio Pérez Arribas, según señala Manuel Serrano Laso (1993, p. 53).

El 21 de septiembre de 1914 toma posesión del puesto de arquitecto municipal, que no abandonará hasta su jubilación en 1953. En aquellos momentos en la ciudad no había muchos arquitectos, puesto que solo trabajaban Manuel de Cárdenas y Juan Crisóstomo Torbado. El arquitecto Arsenio Alonso Ibáñez había muerto en 1912, Francisco Blanch y Pons lo hizo en 1914 y del maestro de obras Andrés Valcarce Martínez no se conocen obras a partir de 1916. En el año 1918 se une a estos tres arquitectos Francisco Javier Sanz y Martínez que viene a la ciudad como arquitecto del Catastro (Algorri García, 2021). Con posterioridad, llegará Ramón Cañas y del Río, que desde 1928 hasta 1931 compartirá estudio con Sainz Ezquerra. Por esas mismas fechas se incorporan al elenco de arquitectos locales Luis Aparicio Guisasola y Juan Torbado Franco. En 1940 se unen Felipe Moreno Medrano y Prudencio Barrenechea Sánchez. Este último obtuvo plaza de arquitecto municipal en el año 1950, cargo que compartió durante tres años con Isidoro Sainz Ezquerra.

La labor municipal de Sainz Ezquerra se centró en obras de urbanismo. Entre las labores más puramente arquitectónicas, realizó la planificación del cementerio, obra que llevaba aparejado el ordenamiento arquitectónico de la entrada y el diseño de la capilla. También hizo la ampliación de la Casa Consistorial en la calle Legión VII y la reforma de la Casa de Socorro.

No obstante, la actividad pública no implicaba dedicación exclusiva, por lo que sí que realizó numerosas obras para particulares. El primer edificio del que tenemos constancia es una vivienda particular con almacén industrial en la planta baja a principios de 1915. A partir de ese momento y hasta la guerra civil, trabajó bastante; realizó entre diez y catorce edificios por año entre viviendas unifamiliares, colectivas e instalaciones industriales. Su obra se desarrolló casi exclusivamente en el Ensanche. Sus clientes eran burgueses de profesiones liberales y comerciantes, así como industriales relacionados con la minería, todos ellos beneficiados por la neutralidad del país en la I Guerra Mundial. Después de la Guerra Civil, su labor particular decreció, posiblemente debido a la competencia.

Muchas de estas obras, sobre todo los *chalets* unifamiliares, han desaparecido y su estudio debe hacerse exclusivamente con la documentación de los expedientes municipales y las fotografías que se conservan.

El 12 de julio de 1931 se constituyó como tal el Colegio Oficial de Arquitectos de León con Juan Crisóstomo Torbado como Decano-Presidente, e Isidoro Sainz Ezquerra como secretario. Seguramente ocupó este cargo hasta el momento de jubilarse en el ayuntamiento o poco después, puesto que en la década de los cuarenta y en la de los cincuenta sigue figurando como tal.

Para conocer un poco más la figura de este arquitecto reproducimos una entrevista que hace el periodista Manuel Valdés y que aparece en el diario PROA el 30 de abril de 1953, poco antes de su jubilación el 3 de mayo del mismo año:

> Quien tantos años ha llevado la dirección e información técnica de las obras municipales, el arquitecto D. Isidoro Sainz Ezquerra, cumplirá la edad reglamentaria para su jubilación el próximo día 3 de mayo. Antes hemos querido sostener con él esta conversación
> - *¿Procede?*
>   - Colindres, Santander
> - *¿Ejerció siempre en León?*
>   - No. Terminé la carrera en Mayo de 1908 y aquel mismo año fuí nombrado Arquitecto Municipal de Palencia.

- Aquí, ¿desde cuándo?

- Desde el 21 de septiembre de 1914, sustituyendo al Sr. Cárdenas, que optó entonces por dejar el Ayuntamiento y pasar a ser Arquitecto provincial.

- ¿Algún otro arquitecto?

- D. Juan Torbado

- ¿Mucho trabajo en el municipio?

- Nada. Conmigo estaban, en la oficina, un delineante, que por cierto era D. Fernando Díez Blanco, hoy secretario del Ayuntamiento de Gijón, y un administrativo.

- ¿Es que no lo había?

- Claro está. Se leía el periódico en la oficina, pues tiempo había para todo, y ...quisiera o no, hube de escuchar muchas conversaciones sobre la política y los políticos de aquellos años, ya que allí se reunían en camarilla con frecuencia.

- ¿Se llevó bien con todos los alcaldes?

- He conocido unos cuantos, desde Lucio García Loma que estaba al frente de la Alcaldía cuando tomé posesión, pero, con todos ellos me llevé bien.

- ¿Y con los concejales también?

- También. Todos me han guardado grandes consideraciones, y nada particularmente tuve con ninguno, a no ser la contrariedad que, en ocasiones, me producían ciertas pretensiones encaminadas a objetivos egoístas.

- ¿No se ha malogrado algún proyecto por aspiraciones de esa índole?

- ¡Cómo no! Los intereses creados dieron origen a muchas modificaciones, quebrando la realización de algunos proyectos.

- ¿Preferible una mayor independencia de la oficina de Obras de la Corporación?

- Sin duda. El supeditar toda obra a la decisión corporativa, ocasiona no pocos trastornos y perjuicios.

- ¿Había muchas calles asfaltadas cuando usted vino?

- Si mal no recuerdo la de Bayón[1] era la única. La de Fernando Merino[2] estaba adoquinada, como el segundo tramo de la calle de Ramón y Cajal.

- ¿Qué consignación presupuestaria había para urbanización?

- Quince mil pesetas. En cambio, ahora, se invierten hasta dos millones, anualmente, solo en pavimentación.

- ¿Lo de aguas?

- Coincidió la época aquella con la ejecución del proyecto de abastecimiento de aguas. El empréstito sirvió para varias realizaciones de gran importancia.

- ¿Habrá usted trabajado más los diez últimos años que todos los anteriores?

- Mucho trabajo hemos tenido, desde luego, últimamente. Se construyó tanto que no ha faltado.

- ¿Hallaría alivio cuando se proveyó la otra plaza de arquitecto?

- Si. Barrenechea me ha aliviado de bastantes obligaciones profesionales. Los dos hemos trabajado cuanto pudimos.

- ¿Le ocasionaros disgustos las alineaciones y expropiaciones?

- He tenido suerte. No sé porque, lo cierto es que todos me han respetado.

- ¿Y los intereses creados no dieron lugar a rectificaciones de ensanches?

- Lo que puedo decir sobre este particular es que el plano inicial del ensanche, redactado ya cuando vine, era una verdadera cuadrícula, y, ahí está ahora, el trazado distinto del sector comprendido entre Ordoño II y Papalaguinda.

- Hablando de ensanches. ¿Faltan por aprobar?

- Solo hay uno aprobado. Se espera la aprobación del ensanche de la Chantría, pues ya se emitió informe favorable. La comprendida entre la carretera de Las Ventas y la de Santander, o calle de San

---

1   La calle de Bayón o de la Maestrescolia de Bayón, es la actual calle de Sierra Pambley.

2   La Calle de Fernando Merino es la actual calle Ancha.

Pedro. Las demás, están en estudio, teniendo como referencia la carretera de circunvalación.

- ¿Con qué realización de proyecto está más satisfecho?

- ¡Hice tantos! La construcción de los colectores de que tan necesitada estaba la ciudad. Por cierto, el de la Chantría ya desemboca en Ambasaguas.

- ¿Se resolverá el problema de aguas?

- Así lo espero. Y confío sea pronto.

- ¿Y las ordenanzas?

- Terminadas las quedo.

- ¿Muchas modificaciones?

- Están inspiradas en las de Valencia y Sevilla. Creo qué servirán para terminar con los líos de parcelación y construcción.

- ¿Satisfecho con su gestión a la hora de la jubilación?

- Muy satisfecho. Creo haber cumplido con mis obligaciones, de buena fe, y llevado del mejor afán y entusiasmo por lo que así reconocido a corporaciones y compañeros de municipio, pasaré a situación de jubilado en el Ayuntamiento, aunque... seguiré trabajando

Que siempre halle la misma satisfacción.

Valdés.

No hemos encontrado en las actas municipales ninguna referencia a su jubilación, ni notas de agradecimiento a los treinta y nueve años de servicio al municipio. Tampoco consta ninguna obra posterior.

El Diario de León del día 4 de junio de 1961 publica una reseña comunicando su fallecimiento, en la que se señala:

El fallecimiento del arquitecto don Isidoro Sainz Ezquerra causó honda consternación en nuestra ciudad, donde había sabido granjearse el cariño de todos los leoneses, tanto por su capacidad profesional, como por su siempre amable trato, y su acendrada religiosidad. ...

fácil es comprender la labor realizada en nuestra ciudad, ya que a él se debe la mayor parte del moderno trazado urbanístico de la misma, sus mejoras, su traída de aguas, en la que colaboró intensamente, y en fin, tantas y tantas obras realizadas desde el momento de su toma de posesión hasta el año 1953, en que por su edad fue jubilado. Bien puede decirse que el brillante aspecto que hoy ofrece nuestra capital se debe principalmente a su labor silenciosa, pero incesante al frente de los servicios de Obras, en las que ha dejado su profunda huella…

Por esta nota hemos deducido que la muerte debió de suceder dos días antes, el dos de junio de 1961.

Fig. 7 Periódico PROA del 4 de junio de 1961 comunicando el fallecimiento del arquitecto Isidoro Sainz Ezquerra

León a principios
del siglo XX

León a principios del siglo XX

La ciudad medieval había roto sus murallas, preferentemente tirando las puertas, buscando un desarrollo fuera de las mismas. Los barrios periféricos, que crecían lentamente, no se presentaban como una solución a los problemas que el caserío, encerrado detrás de los muros históricos planteaba. Había problemas de salubridad, a pesar de las reformas del alcantarillado, y de densidad de población. Por ello, a finales del siglo XIX, en el año 1897, se presenta el plano del Ensanche de la ciudad que será definitivamente aprobado en el año 1905. Este planeamiento urbanístico aparece como una solución, no solo por la creación de suelo urbanizable en el que levantar edificios de viviendas que descarguen la densidad de población del casco histórico, si no que, además, acercaba la nueva ciudad a la estación del ferrocarril que se había levantado al otro lado del río Bernesga. La nueva ciudad se planifica entre el casco histórico y el río Bernesga y sus límites norte y sur son el Camino de Santiago y el solar que ocupaba el antiguo convento benedictino de San Claudio, respectivamente. El desarrollo de este espacio, que con el tiempo se convertirá en el centro de la ciudad, será lento y no estará completado hasta mediado el siglo XX. Esta será, como queda dicho, la zona en la que desarrollará la mayor parte de su actividad privada Isidoro Sainz Ezquerra.

La situación de la ciudad, como un enclave en el noroeste del país, la convierte en un centro de distribución, en un paso obligado desde Asturias y Galicia a la meseta y, al revés, desde la meseta a las citadas provincias del noroeste gracias a la llegada del ferrocarril y la mejora de las carreteras. La desamortización había permitido a algunas familias adquirir tierras de los monasterios y de la iglesia lo que les transforma en terratenientes y en dueños de solares dentro de la ciudad. A esto se une, a finales del siglo XIX, el arranque de las explotaciones mineras, que se ven impulsadas más tarde con la Primera Guerra Mundial. Todo esto crea una infraestructura social que aspira a una ciudad más moderna fuera de los muros medievales.

Algunos de los comercios, que se asentaron en la Plaza Mayor y en calles del casco histórico, se trasladaron a la calle Ancha, a medida que ésta pasaba de ser una calle más del casco antiguo a tener una anchura importante, de ahí su nombre. El progreso de algunos de los establecimientos fue significativo y, en cuanto la plaza de Santo Domingo y la calle de Ordoño II empezaron a consolidarse, abrieron locales o desplazaron toda se estructura a en esas zonas de nuevo diseño. Los profesionales liberales: médicos, abogados… también dirigieron su mirada hacia el Ensanche porque desean mejorar sus condiciones de vida y, en algunos casos, hacer ostentación de su estatus económico, por lo que deciden levantar en él sus viviendas, la mayor parte de ellas unifamiliares con jardín, por resultar un lugar mucho más higiénico y saludable para residir.

En 1914, cuando Sainz Ezquerra llega a la ciudad, se están empezando a construir estas viviendas, tanto individuales como casas de vecinos para la burguesía no tan pudiente. Resulta significativo que su primer proyecto al margen del Ayuntamiento sea una vivienda unifamiliar en la esquina de Alcázar de Toledo con San Agustín.

La clase pudiente de la ciudad es muy clasista. Existen sociedades como el Casino, la Sociedad de Conciertos (luego Sociedad Filarmónica de León) o la Sociedad Económica de Amigos del País, a las que solo pueden acceder personas de cierto nivel económico, las élites que marcan la vida de la ciudad. A este control también contribuye la Iglesia que, en sus organizaciones, colegios y festejos, selecciona a los prohombres de la sociedad. Sainz Ezquerra pronto formará parte de estas sociedades, tanto laicas como católicas.

El poder de la Iglesia se manifestó claramente tras el levantamiento militar del 18 de julio de 1936, ya que incluso las élites que no figuraban en sus asociaciones fueron ejecutadas u obligadas a pagar fuertes multas con la intención de arruinarlas. Entre los fusilados estaban el alcalde y parte de la corporación municipal.

Acabada la guerra, la ciudad sigue evolucionando, con una burguesía que realizó la construcción del Ensanche y participó en la construcción de barrios periféricos, sin más interés que su beneficio.

La arquitectura
de Isidoro Sainz
Ezquerra

La arquitectura de Isidoro Sainz Ezquerra

Hemos de considerar la arquitectura de Isidoro Sainz Ezquerra como clasicista, tanto por su formación profesional, marcada por una clara influencia decimonónica, como por el conocimiento de la arquitectura montañesa de su niñez en Colindres.

Sus proyectos comprenden edificios historicistas a los que, con mayor o menor intensidad, incorpora elementos de los movimientos estilísticos del momento: modernismo, *art decó*, racionalismo…

Así, la mayor parte de su arquitectura muestra una clara tendencia hacia las formas neorrenacentistas y neobarrocas, cuyo máximo exponente son los *chalets* unifamiliares: frontones clásicos, capiteles, pilastras, guirnaldas, frontones rotos, etc., a los que se unen la forja modernista y *art decó*, los grandes aleros y las torres de arquitectura regionalista.

Sin embargo, Sainz Ezquerra trata de acompasar y no desentonar, busca crear espacios o calles en las que los edificios dialoguen sin estridencias en busca de conjuntos armoniosos; por eso en algunas de sus obras utiliza las mansardas y cúpulas características de Manuel de Cárdenas o la mezcla de enfoscado y ladrillo usada por Aparicio Guisasola.

Con el paso de los años simplifica la decoración de las fachadas, sobre todo en los edificios de más altura destinados a casa de vecinos, pero siguen marcando su arquitectura conceptos como el orden y la simetría.

De su arquitectura dice Manuel Guerra García (1997, pp. 119-120):

La Arquitectura de Isidoro Sainz Ezquerra comparte con gran parte del resto de la arquitectura leonesa de la época una asimilación superficial de las diversas corrientes eclécticas, modernistas y revivalistas que se refleja sobre todo en el tratamiento decorativo de sus fachadas, sin afectar en profundidad a sus espacios interiores, los cuales por otro lado están concebidos de acuerdo con las normas higiénicas de la época. Sin embargo, es en su arquitectura neobarroca, que no abandonaría prácticamente hasta el final de su vida profesional, salvo con la corta etapa prerracionalista, donde se dan las mejores muestras de su madurez.

Destaca en la composición de sus fachadas con un acertado equilibrio entre los volúmenes de los potentes miradores y los vanos, así como en los elementos ornamentales.

Del estudio de sus documentos gráficos destaca la minuciosidad de los detalles de sus alzados y plantas alcanzando a la inclusión en estas últimas de falsos techos de las habitaciones, lo que sorprende dada la escasa definición de la documentación gráfica en los proyectos de la época.

Es posible matizar el último párrafo de Manuel Guerra, ya que, por lo detallado de los proyectos, se puede deducir la clase social de los propietarios del edificio: en los edificios de clase media solo se dibujan las paredes, en aquellos de mayor nivel se señalan los falsos techos de las habitaciones y en los destinados a clase más alta aparecen diseñados los patios y, en ocasiones la distribución de las distintas dependencias.

Sainz Ezquerra y el urbanismo de la ciudad

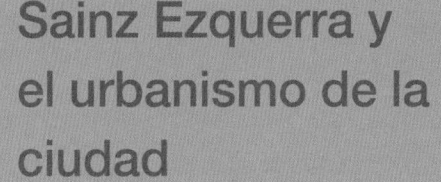

Sainz Ezquerra y el urbanismo de la ciudad

La figura de Isidoro Sainz Ezquerra es conocida y destacada por algunos de los edificios que proyectó en el ejercicio libre de la profesión, sin embargo, en nuestra opinión, demostró ser un gran urbanista como arquitecto municipal, aunque, en muchos casos, defendiera intereses privados. Algunas de sus decisiones han dejado su impronta en la ciudad, como la traída de aguas, los colectores y la reforma de las Ordenanzas Municipales para las que se inspiró en las de Valencia y Sevilla.

El Ensanche, cuyo proyecto "firmado por los ingenieros de Caminos, Canales y Puertos, Pedro Díez Tirado, Manuel Díz Berzedóniz y José María Rodríguez Balbuena, y el arquitecto Manuel Fernández y Álvarez Reyero" (Ponga Mayo, 1997, p. 24) data de 1897, se aprobó en 1905 con algunas reformas de Manuel de Cárdenas, como ya se ha dicho. Cuando Sainz Ezquerra toma posesión del cargo municipal, en 1914, tiene que enfrentarse a nuevas modificaciones. Finalmente, en 1919 hay un nuevo plano del Ensanche que modifica las calles que no habían sido modificadas en 1905, y que diseñadas de forma oblicua pasan a ser perpendiculares a Ordoño II; también se dividen algunas manzanas que dan lugar a las actuales calles de Rodríguez del Valle, Sampiro, Padre Arintero y Carmen.

Todas las reformas del plano original del Ensanche se hicieron para favorecer las posibilidades de especulación de los propietarios de los terrenos. Por un lado, se modifica el trazado de las calles para tener más fachadas a Ordoño II, en previsión de hacer los edificios más atractivos.

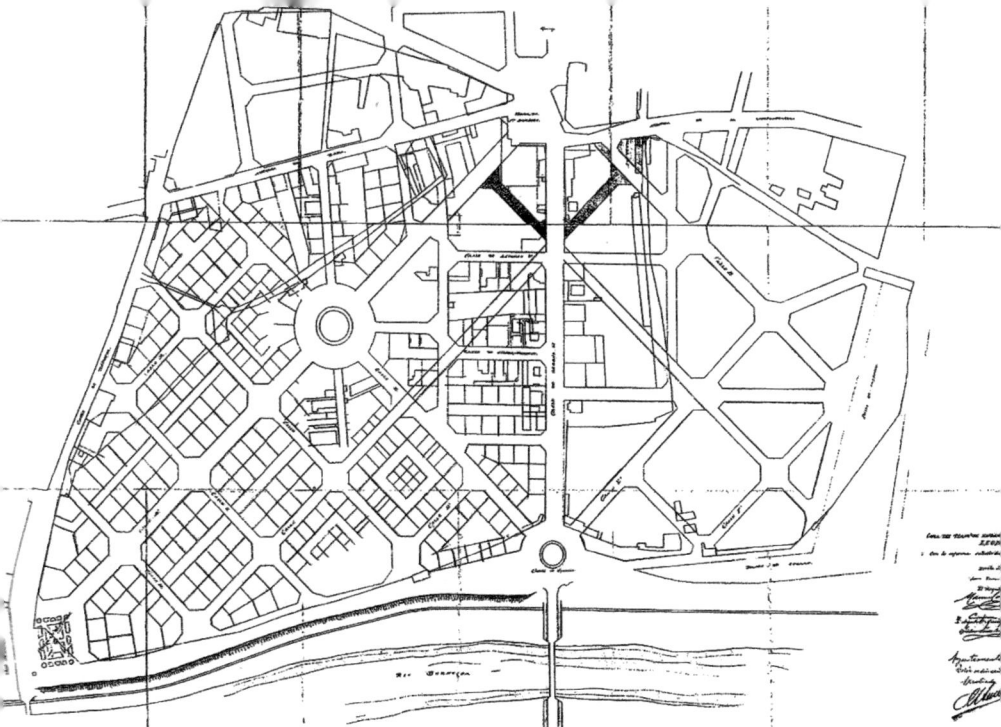

Fig. 8. Reforma del Ensanche de 1919 firmada por Manuel de Cárdenas y la conformidad de Isidoro Sainz Ezquerra. AHML.

Por otro, se eliminan grandes patios de manzana para conseguir una calle más donde construir.

En 1919 se cierra el Hospital de San Antonio Abad por considerarse inapropiada su ubicación en el futuro centro de la ciudad y ser un estorbo para el desarrollo de la zona. Sainz Ezquerra realiza el plano con la organización del espacio resultante del derribo: en la línea de la plaza de Santo Domingo mantiene la amplitud de la acera y se adapta a la forma cuadrangular de la plaza, según figura en el plano del Ensanche; la iglesia de San Marcelo se aísla mediante un espacio peatonal que la separa del solar de la futura casa Roldán. Por detrás de este edificio se crea una calle: Legión VII. El resto del terreno del hospital se reparte entre una pequeña parcela para ampliar el ayuntamiento y la casa de la Imprenta Moderna. Por la calle del Arco de Ánimas se salva de la demolición un edificio de ladrillo levantado a finales del siglo XIX por Juan Bautista Lázaro para el Hospital y que se convertirá en el laboratorio municipal y Casa de Socorro, después de una pequeña reforma, a la que volveremos más adelante, proyectada por Sainz Ezquerra.

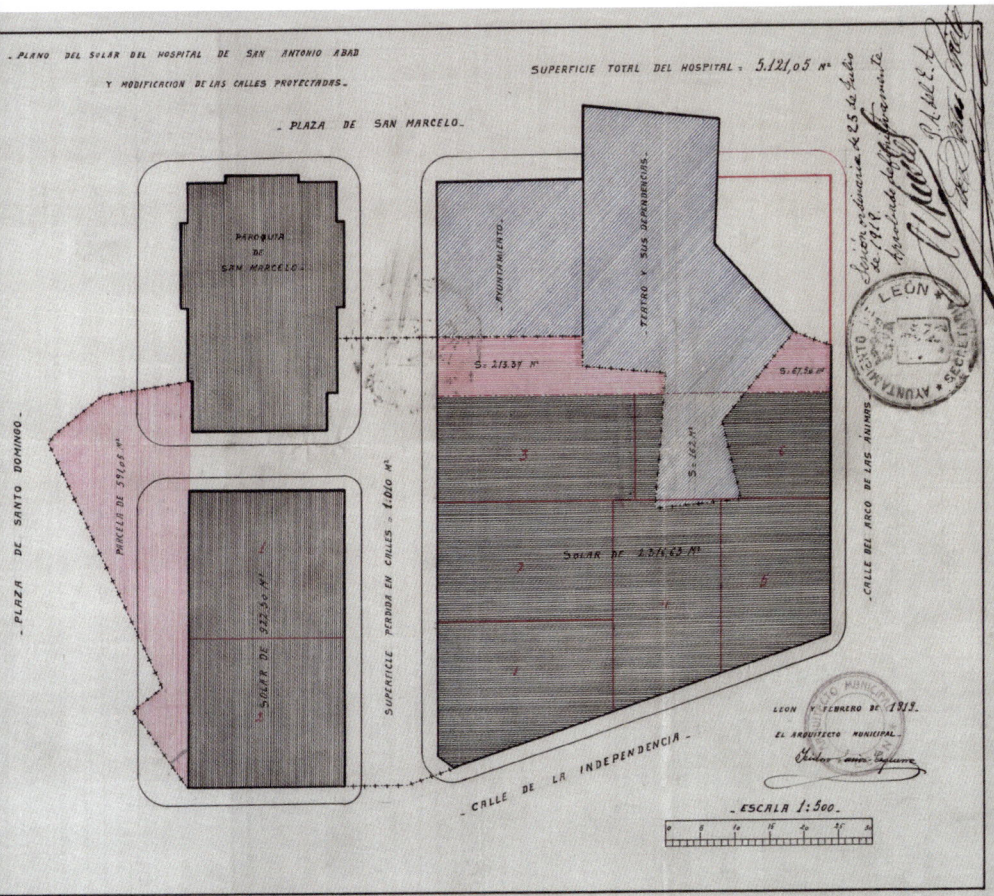

Fig. 9. Plano de la urbanización del solar del Hospital de San Antonio Abad. Isidoro Sainz Ezquerra 1919. AHML. Negociado de Obras, Exp, 1919

En el año 1923 diseña el plano de una parte de lo que será luego el barrio de San Claudio, en los terrenos de Paz Peña. El plano completo del barrio es de agosto de 1944. Sainz Ezquerra proyecta las manzanas con la misma orientación que tienen las del Ensanche, pero más pequeñas: mientras que las originales del Ensanche tenían 100 de lado, estas son de poco más de la mitad, unos 52 metros; las calles son, igualmente, más estrechas, miden solo 10 metros. Además, no achaflana las esquinas de las manzanas, para no perder terreno de construcción. El barrio toma como zona verde el jardín de San Francisco, situado en un extremo. Se proyectan dos plazas públicas, una circular y otra cuadrada, como centros de reunión del barrio.

> La planificación fue tan descaradamente hecha en favor de los propietarios, para que especulasen con el suelo, que aunque en 1944 se aprueba un plano en el que se presenta todo el barrio como una cuadrícula uniforme, al llegar a la realidad ésta se adapta a la propiedad del suelo de tal manera que la única parte que no se destina a viviendas es la parcela municipal en la que estaba ubicado el matadero, adaptándose las calles a la forma de dicha parcela, con lo que la retícula se deforma apareciendo calles que no tienen una continuación lineal. El arquitecto municipal (Sainz-Ezquerra) justifica, el tratamiento dado a esta parcelación a favor de los terratenientes con estos dos puntos: 1° Se han tenido en cuenta los deseos de los propietarios de los terrenos colindantes a los fines de una conformidad en las diversas parcelaciones en evitación de posteriores desacuerdos. 2ª Se trata en realidad de establecer criterios de continuidad con parcelas ya iniciadas al servicio de un plan de conjunto parcial. (Ponga Mayo, 1997, p. 169)

Este barrio, que se ajusta casi totalmente a lo que fue el antiguo monasterio de San Claudio, el más antiguo de la ciudad, se planifica para una población que según Valentín Cabero (1988, p. 42) trabaja "en la enseñanza, en la sanidad, en la banca o son funcionarios calificados".

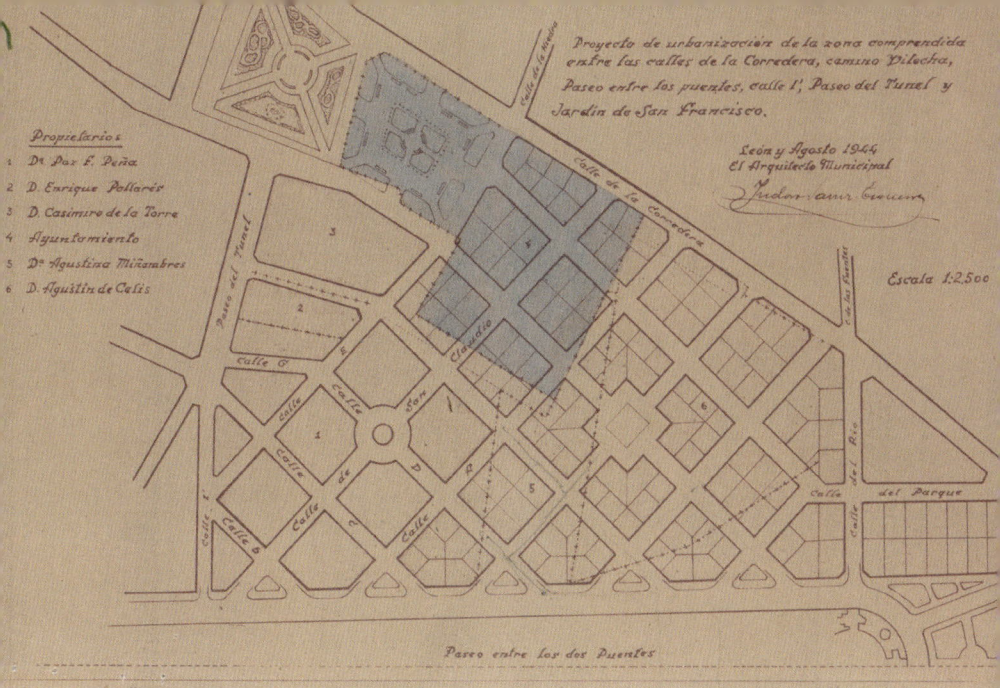

Fig. 10. Plano del barrio de San Claudio en que aparece marcado el solar, propiedad del Ayuntamiento que modificará el trazado. AHML. Parcelaciones. Exp. A. Miñambres.

En el único plano conservado se marcan las distintas propiedades, entre ellas el solar de dominio municipal. A partir de 1960, ya jubilado Sainz Ezquerra, en el espacio municipal se instalarán la Escuela de Comercio, la Escuela de Minas, la Residencia Dª Sancha y el Colegio Público San Claudio de Enseñanza Primaria, hoy CEIP San Claudio, además de dejar un espacio en el que se construyeron las oficinas del Ministerio de Educación y Ciencia, así como una residencia de estudiantes. Todo ello obligó a reformar el plano, eliminar la plaza cuadrada y el terreno público se trasladó a la manzana situada frente al colegio para una ampliación del mismo.

En el desempeño del puesto de arquitecto municipal Sainz-Ezquerra tuvo que ordenar más espacios de la ciudad. Una de las actuaciones más significativas, sobre todo para los leoneses, fue el entorno de la catedral por el lado sur, entre el templo y el palacio episcopal. No hemos encontrado el plano en el archivo municipal, pero si la referencia a dicho planeamiento en una nota sin firma, del Diario de León del 10 de agosto de 1929:

> En las oficinas del arquitecto municipal hemos visto el proyecto de ampliación de los jardines de la Catedral, por la parte de Puerta Obispo, tapando la cuestecilla contigua a la sacristía de la Catedral.
>
> Aquello quedará muy presentable, al realizarse el proyecto que creemos poco costoso.
>
> Es obra del arquitecto municipal, señor Sainz Ezquerra, y el nuevo jardín, enmarcado por unos estrechos macizos, tiene dos glorietas una con bancos y otra, en la esquina de la carretera con Puerta Obispo, con una figura en forma de estrella.
>
> También el Sr. Sainz Ezquerra está estudiando, el proyecto de arreglo y urbanización del Parque, para convertirlo en un frondoso y jardín paseo, un verdadero parque es sus setenta y una hectáreas.
>
> Dejando, grandes espacios para juegos infantiles tal extensión puede ser un hermosísimo parque, como no lo tendrán muchas poblaciones.

Sainz Ezquerra organiza el espacio, entre la calle y la verja del Atrio de la catedral, con unos jardines en terrazas, unidos por escaleras, comunicando así peatonalmente las plazas de la Catedral y de Puerta Obispo, diseño que ha perdurado hasta finales del siglo XX en que, lamentablemente, se han eliminado todos los jardines.

De la misma nota se desprende también que diseñó los paseos de La Condesa de Sagasta y de Papalaguinda, que con algunas reformas aún podemos disfrutar. Aunque, como ya hemos dicho, está fechada en 1929, no tengo constancia de que se aprobara el proyecto y se iniciaran las obras durante la República. Parece que las obras empezaron por el ajardinamiento del Paseo de la Condesa después de la guerra, en los últimos años de la década de los 40.

El ajardinamiento del Paseo de Papalaguinda se efectuó una década después y posiblemente en esta obra intervendría también Prudencio Barrenechea contratado como arquitecto municipal en 1950, tres años antes de la jubilación de Sainz Ezquerra, y que firma conjuntamente con él algunos de los trabajos municipales, aunque, a falta del plano, no sé si también lo hizo en este caso. Sobre la fecha, en 1946 Prudencio Barrenechea realiza un plano para el Casino Leonés al final del Paseo de Papalaguinda, cerca de la Plaza de Toros, con el diseño de unas instalaciones deportivas, pero no será hasta 1954, siendo presidente del Casino José Eguiagaray Pallarés, cuando se solicite licencia de obras para dichas instalaciones.

Obras de Sainz Ezquerra como arquitecto municipal

Obras de Sainz Ezquerra como arquitecto municipal

El trabajo como arquitecto municipal no solo llevó a Sainz Ezquerra a realizar planificaciones urbanísticas, sino que también diseñó edificios y reformas en algunas de las dependencias municipales.

CEMENTERIO MUNICIPAL

El cementerio situado en la carretera de Asturias se encontraba a punto de saturación, por lo que en 1932 se decidió crear uno nuevo en la barriada de Puente Castro a una prudente distancia de las casas. El proyecto del cementerio se le encarga al ingeniero Carlos Díaz Tolosana (Pastrana 2002, p. 81) siendo el responsable de la arquitectura Isidoro Sainz Ezquerra.

De este cementerio dice Eloy Algorry (2020):

> Su entrada está enfatizada por un pórtico en arquería, planta semicircular, y proporción achaparrada que, al menos hoy día, cumple una función puramente simbólica, nada desdeñable en estos lugares consagrados a la memoria, y que ganaría mucho dando al espacio que delimita una configuración diferente, liberada de un uso tan prosaico como el estacionamiento de vehículos.

Enfrentada a la puerta se sitúa una capilla de estilo ambiguo, netamente neogótica en su interior, escuela con profundo arraigo en la arquitectura religiosa, y más heteróclita por fuera.

Sainz Ezquerra, como comenta Algorri, plantea delante de la entrada una plazoleta semicircular con un pórtico de arcos de medio punto sobre pilares de planta cuadrada, de corta altura. El centro lo decora con una cúpula semiesférica recubierta de pizarra. Otras dos cúpulas, menores, se encuentran en los extremos del pórtico.

El acceso al cementerio se sitúa entre dos edificios administrativos con decoración clasicista: los vanos de la primera planta tienen frontones triangulares como guardapolvos. El cierre se compone de tres pasos cerrados por sencillas verjas, marcados por dos pilares complejos, troncopiramidales con decoración jónica, y dos machones con la misma ornamentación, todo de marcado eclecticismo.

Fig. 11. Puerta e iglesia del cementerio

La capilla neogótica la describe Serrano Laso (1993, p. 173):

> Pueden verse en ella cubiertas de pendiente pronunciada, hastiales, vanos alancetados, rosetones y gabletes, de origen gótico, junto a arcos lombardos o profusión de contrafuertes románicos. Por el contrario, los interiores evidencian mayor arqueologismo, acorde con la teoría de que, aunque los alzados exteriores son susceptibles de libres interpretaciones, en el espacio interno se impone mayor respeto hacia los modelos en virtud de los valores espirituales inherentes.

En la sobriedad interior de la capilla y en la escasa decoración se impone la concepción religiosa del arquitecto y su preclaro tradicionalismo.

El interior del cementerio se distribuye, como es costumbre, en patios, manzanas y calles, todo marcado por la citada capilla, situada como eje justo frente a la puerta de acceso.

g. 12. Iglesia del cementerio   Fig. 13. Interior de la iglesia del cementerio   Fig. 14. Galería exterior del cementerio

Proyecto de ampliación del Hospital de San Antonio Abad.
Fachada
Calle del Arco de las Animas.
León y Noviembre de 1.895.
El Arquitecto
Juan Bta Lázaro

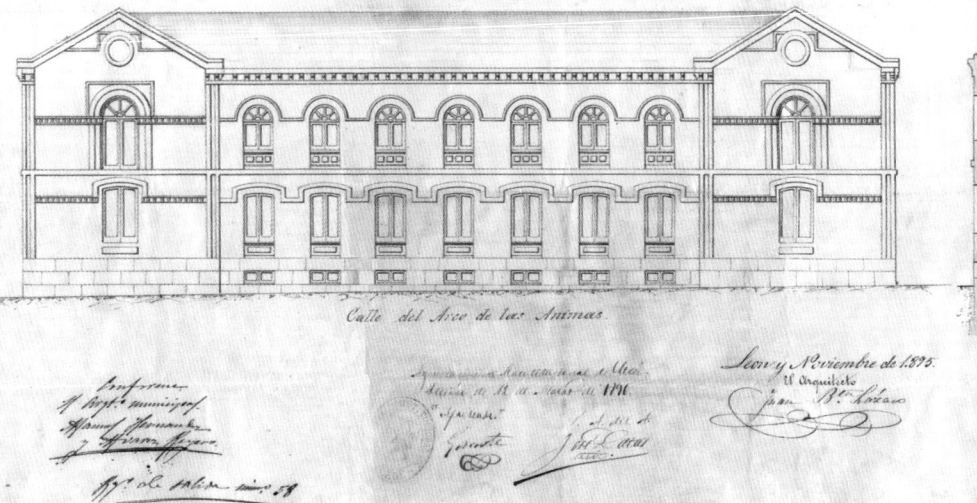

▲Fig. 15. Alzado de la ampliación del Hospital de san Antonio Abad firmado por Juan Bautista Lázaro en el año 1895. Archivo Catedralicio-Diocesano.

▼Fig. 16. Reforma del edificio de Bautista Lázaro, obra de Sainz Ezquerra AHML.

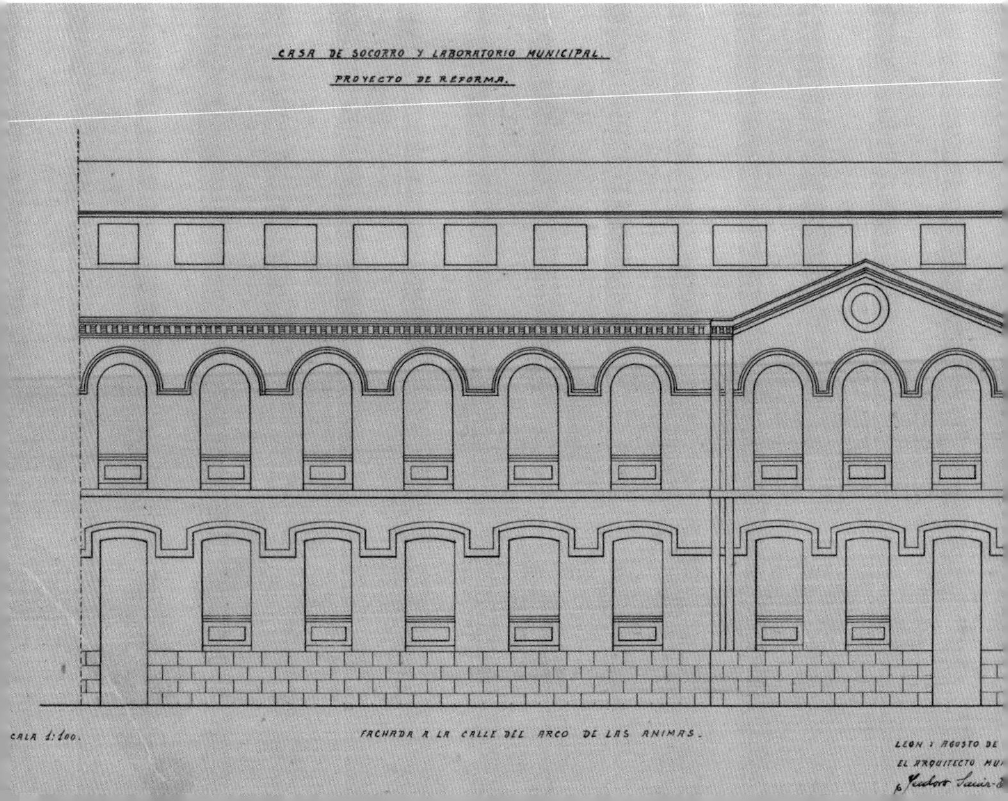
CASA DE SOCORRO Y LABORATORIO MUNICIPAL.
PROYECTO DE REFORMA.
CALA 1:100.
FACHADA A LA CALLE DEL ARCO DE LAS ANIMAS.
LEON Y AGOSTO DE
EL ARQUITECTO MU

LABORATORIO MUNICIPAL

Este edificio fue diseñado en 1895 por Juan Bautista Lázaro como una ampliación del Hospital de San Antonio Abad. A principio de los años veinte se inician los trámites para la demolición del hospital y se reordena el solar. Se respetó el edificio diseñado por Lázaro, pero perdió la zona torreada de poniente y, con diseño de Isidoro Sainz Ezquerra, para compensarlo, se añadió una planta más, retranqueada.

EDIFICIO MUNICIPAL DE LA PLAZA DE SAN MARCELO

El derribo del Hospital de San Antonio Abad, se aprovechó para ampliar el ala oeste de la Casa Consistorial, como ya he mencionado. No se han encontrado planos de esta obra, pero sabemos que se añadieron dos cuerpos, pasando del histórico número de siete por lado, a nueve en esta ala, repitiendo el mismo esquema, material y diseño. Al no tener planos desconocemos quién fue el arquitecto de la obra, pero suponemos que sería el propio Sainz Ezquerra, como arquitecto municipal.

Fig. 17. Los dos paños añadidos al edificio de Juan del Ribero Rada en 1922

Primeras obras
del ejercicio libre

CASA UNIFAMILIAR ALMACÉN

Calle Sierra Pambley 12, esquina a San Agustín
(AHML. Exp. 12/1915 - Sig 1432/ 12)

Su primera obra privada es, como ya he dicho, un edificio de 1915 en la esquina de Sierra Pambley -hoy, Alcázar de Toledo- y San Agustín. Se trata de un encargo de Francisco de Eguizábal con almacén en la planta baja y vivienda en la superior. En la fachada de San Agustín, la vivienda cuenta con una terraza sobre el almacén.

La calle Sierra Pambley de la época se componía prácticamente de edificios unifamiliares como el que proyecta Sainz-Ezquerra. Hoy en día, ni éste ni la mayoría de sus vecinos se conservan, por lo que toda la información sobre el edificio se debe a los planos.

Como obra prima, el arquitecto se atiene a un clasicismo estricto: los vanos de la planta baja se corresponden con los de la vivienda. En la

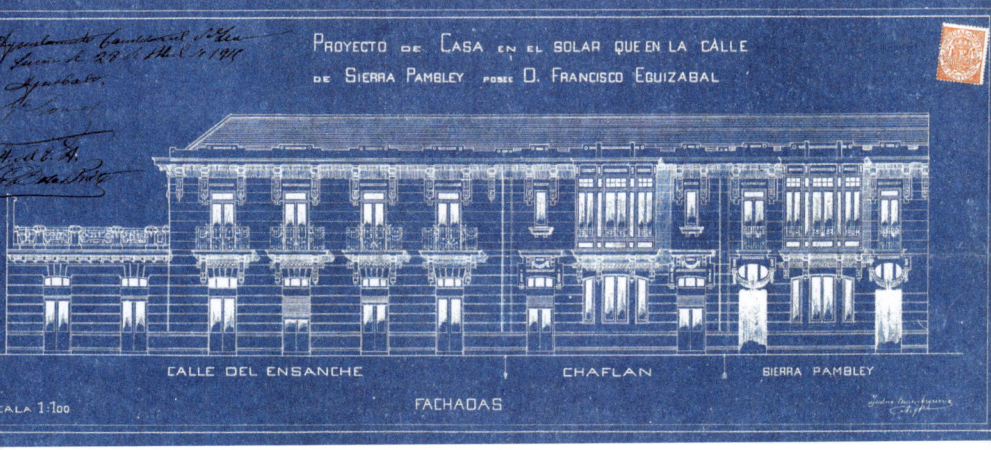

Fig. 18. Alzado de las fachadas de la casa de Francisco de Eguizábal. AHML.

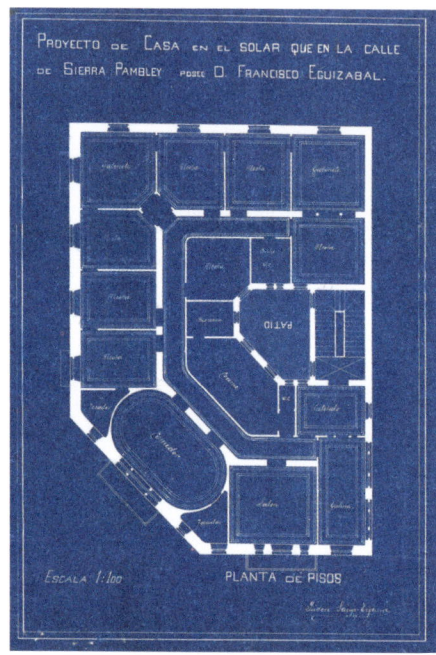

Fig. 19. Planta de vivienda de la casa de Francisco de Eguizábal. AHML.

fachada de la calle de San Agustín, la primera planta presenta balcones. Tanto el chaflán como la fachada de Sierra Pambley tienen en la planta superior un mirador central con dos pequeñas ventanas laterales en el chaflán y balcones sin vuelo en Sierra Pambley. Los miradores se convierten en ventanales en la planta baja y las puertas de acceso, tanto del almacén como de la vivienda, se corresponden con los balcones de Sierra Pambley.

La composición de la fachada, en la planta de vivienda es la consecuencia de la distribución interior igualmente tradicional, con la puerta de acceso en un extremo de la planta y un largo pasillo que va dando acceso a las habitaciones (alcobas, comedor, salón y gabinetes) que dan todas a la calle o a la terraza; mientras, al otro lado del pasillo se encuentra la zona de servicios con la cocina, la despensa, la alcoba del servicio, baño-WC, que miran al patio interior.

El edificio es para una familia de alto nivel económico, para un empresario dedicado al comercio de coloniales. En el chaflán, Sainz Ezquerra, proyecta un gran comedor con las paredes laterales en semicírculo, lo que le permite crear dos pequeños habitáculos, uno con acceso desde el comedor y el otro con acceso desde una alcoba, que denomina tocadores, y así componer un trazado cuadrangular en las habitaciones contiguas. Las pequeñas y discretas ventanas que se sitúan a los lados del mirador dan luz a estos tocadores.

Fig. 20 Maqueta en la que vemos la casa de Francisco Eguizábal. Autor Juan Carlos Ponga

Los planos, único elemento que pervive, destacan por la calidad de los dibujos y el detalle de los elementos que le llevan en las plantas a marcar hasta los techos de escayola.

La decoración de la fachada es muy rica y apunta a lo que, con los años, se convertirá en una característica personal de su arquitectura. De entrada, hemos de señalar que la mayor parte de la decoración se centra en la planta noble y en las puertas de entrada, tanto a la vivienda como al almacén, para mantener la simetría. En la planta baja, fajeada, se aprovecha el vuelo de los balcones y de los miradores para, con falsas ménsulas, crear una especie de guardapolvos sobre cada uno de los vanos correspondientes. En las ventanas del chaflán y los balcones, sin vuelo, de la fachada principal proyecta unas molduras voladas sin otra función que la de mantener el equilibrio visual; en la planta superior, repite el mismo esquema mediante una cornisa con modillones.

Todos los vanos de la planta baja tienen montante fijo, que en las puertas de entrada se convierten en un óvalo a modo de claraboya. El cierre de la terraza presenta una rejería de clara influencia modernista que se repite en los antepechos de los balcones. Este modernismo está en el resto de la decoración, en el acroterio que remata la fachada y en los frisos, guirnaldas, tarjetones de los guardapolvos…

Es una lástima que este edificio no se haya conservado.

PLANO B.

VALLEJO

FACHADA.

LEON Y SEPTIEMBRE DE 1920.

EL ARQUITECTO.

Ysidoro Sanz Oyuena

CASA DE VECINOS

Calle Padre Arintero esquina a la plaza Circular
(AHML. Exp. 1920-88 – Sig. 1434-58)

El proyecto de este edificio con bajo comercial, dos plantas y ático para Fructuoso Vallejo es de principios de 1920. Sin embargo, con la construcción ya comenzada, se solicita el aumento de un piso, lo que se lleva a término. La estructura es de muros de carga con dos crujías paralelas a la fachada, la segunda, ampliada para dar cabida a la escalera, y una tercera más corta.

Este edificio, como el anterior, ha sido pasto de la piqueta por lo que tendremos que volver a estudiarlo por los planos del proyecto.

La construcción se adapta a un solar que podríamos considerar algo irregular lo que complica la distribución de las dependencias, pero que el arquitecto resuelve con acierto. Como hemos visto en la anterior

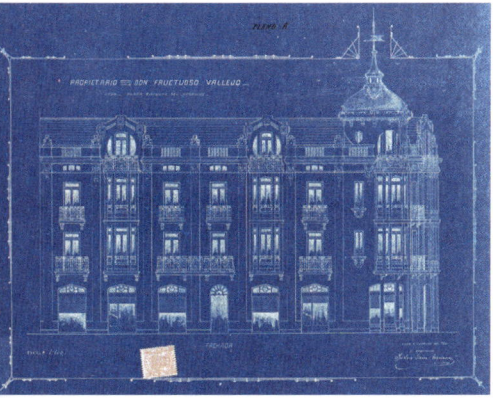

Fig. 21 y 22. Alzados del edificio de Fructuoso Vallejo. AHML.

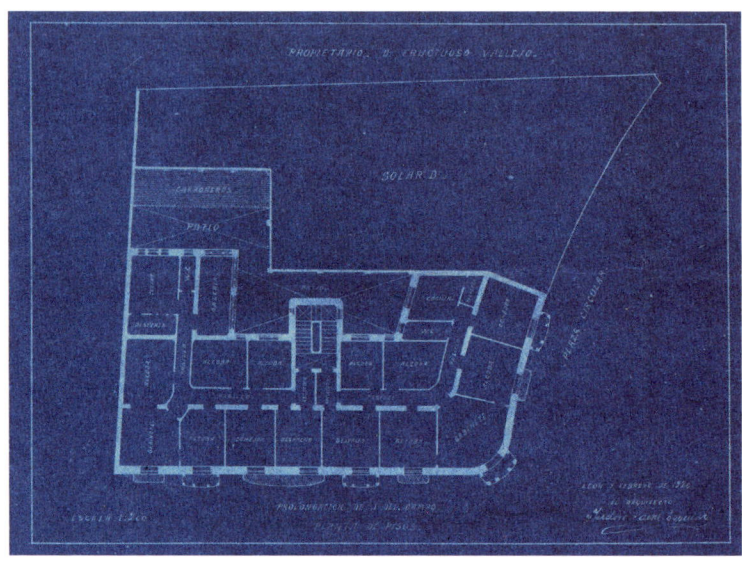

Fig. 23 Planta del, edificio de Fructuoso Vallejo. AHML.

distribución y veremos en muchas de las próximas, las habitaciones principales siempre aparecen en la línea de fachada, y desplaza al interior, con vitas al patio, las dependencias de servicio y los dormitorios secundarios.

La fachada mantiene una composición clásica en la que los cuerpos de miradores y las pilastras marcan el dominio de la verticalidad. Ambos se sustentan sobre ménsulas de inspiración barroca. La esquina que componen las fachadas de la calle Padre Arintero, entonces Pi y Margall, y la plaza de la Inmaculada, entonces Circular, se resuelve mediante un cuerpo de miradores curvo que enfatiza el encuentro y remata en una cúpula. Esta forma parte del ático que ocupa un bajo cubierta con mansardas unidas por un antepecho clasicista.

En ese mismo año Manuel de Cárdenas presentó en el ayuntamiento un proyecto para levantar un *chalet* enfrente, en la misma plaza, al otro lado

de la calle Pi y Margal; podemos suponer que Sainz Ezquerra diseñó
el remate de cúpula y mansardas para armonizar con el edificio de
Cárdenas, con remate semejante, conformando así un conjunto en la
plaza.

La influencia del modernismo está presente en la composición de los
vanos de las mansardas y de la cúpula, en la rejería de balcones y
miradores, así como en las guirnaldas en que rematan las pilastras.

Llama la atención que en los dos planos de fachada aparecen ventanas
a los lados del mirador de la esquina sin embargo, en el plano de planta
de pisos no se encuentran reflejadas.

Se demolió y se tomó la decisión de conservar la cúpula para
instalarla en la nueva construcción, por lo que se llevó a los almacenes
municipales. Finalmente no se colocó y terminó destrozada.

Fig. 24. Chalet de Fructuoso Vallejo junto al de Arsenio
Rabanal, obra de Manuel de Cárdenas, en la plaza
Circular. Foto Manuel Martín de la Madrid. Foto del libro:
Los dueños de León, de Javier Fernández Llamazares

Fig. 25 Retirada de la cúpula del
edificio durante el derribo. Foto César

FACHADA   LEON Y

DOS CASAS UNIFAMILIARES

GRAN VÍA DE SAN MARCOS 29. (AHML. EXP. 1921-61 – SIG. 1435-111)
CALLE RAMIRO FERNÁNDEZ BALBUENA 5. (AHML. EXP. 76/1921 - SIG 1436/9)

En 1921 Sainz Ezquerra proyecta dos casas unifamiliares en el
Ensanche: la primera, para Antonio García Arias, aparece firmada en el
mes de mayo; y la segunda, para Cesáreo Guerra, en el mes de julio.

Los planos de estos dos edificios unifamiliares tienen dos meses de
diferencia, pero su diseño presenta grandes diferencias estilísticas, lo
que nos hace pensar que el arquitecto tiene, en ese momento, dudas
respecto a los principios en los que se mueve su arquitectura.

Estas construcciones al igual que las anteriores no soportaron el paso
del tiempo y de la especulación y fueron demolidos en la segunda

 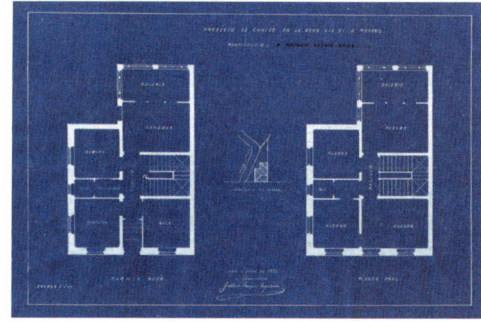

Fig. 26 y 27 Alzado y plantas de la casa unifamiliar de la Gran Vía de San Marcos para Antonio
García Arias. AHML.

mitad del siglo XX, por lo que su estudio ha de realizarse por los planos presentados.

En el primer edificio Sainz Ezquerra se atiene en la fachada a una composición clásica, simétrica, con eje en el portal y el mirador situado encima. La distribución de las habitaciones es igualmente clasicista: las dependencias destinadas a dormitorio arriba; el resto en la planta baja y la galería en la parte trasera, al suroeste. Es singular que se sitúe un urinario en cada planta y no haya ningún baño.

A las ménsulas, que sustentan balcones y mirador, frisos y alero de reminiscencia clásica, se une una rejería en el cierre de la finca, en los antepechos y en los balcones de clara influencia modernista. El acabado de la fachada debió de ser un enfoscado fajeado.

En el segundo edificio se sigue manteniendo la simetría de la fachada a la calle, pero no en la lateral, donde se sitúa la puerta de entrada a la vivienda y sobre ella un cuerpo torreado por encima de la primera planta, que se acerca a la arquitectura regionalista. En la planta baja se sitúa, en fachada, una pequeña tienda, lo que desplaza a la parte trasera la cocina y el comedor, así como el retrete, el baño y la galería, que mira a sureste. La falta de más planos nos impide poder analizar la planta superior, pero suponemos que tendría cinco alcobas: dos en la fachada principal, una sobre la puerta de entrada y dos hacia la galería que tendría un acceso libre. Es posible que se repitan en los laterales de la galería las mismas dependencias de la planta baja, un inodoro y un baño.

En este edificio no aparece la decoración modernista, la rejería es de corte barroco, tanto en el cierre de la finca como en el balcón corrido de la fachada que se apoya en jabalcones.

Por un lado, Sainz Ezquerra mantiene sus concepciones clásicas de la composición tanto de fachadas como de distribución en planta; por otro lado, unas veces la rejería es de corte modernista y en otras es barroca.

A todo esto, añade singularidades, como si estuviera buscando una arquitectura de identidad propia.

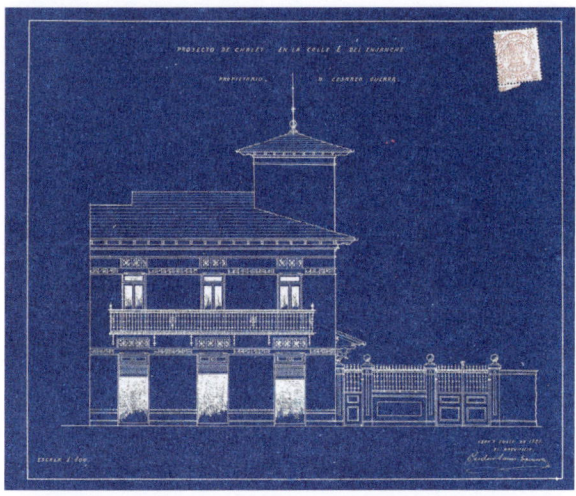

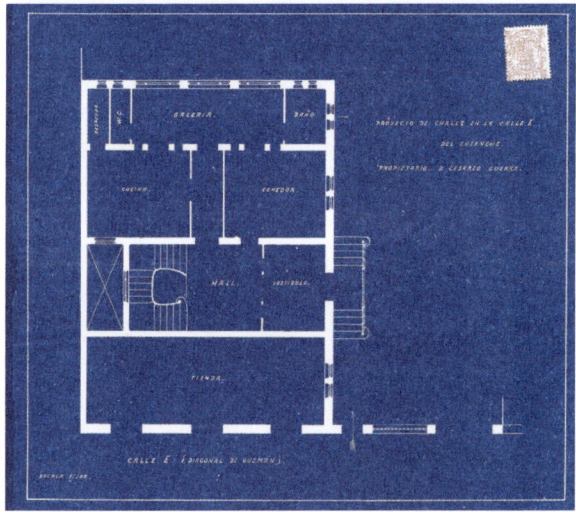

Fig. 28 y 29 Alzado y planta de la casa unifamiliar de la calle de Ramiro Fernández Balbuena para Cesáreo Guerra. AHML.

HIJOS DE C. GONZALEZ.

FACHADAS ANTERIOR Y POSTERIOR.

DOS EDIFICIOS INDUSTRIALES

Fábrica de chocolates y pastas para sopas. Calle E del ensanche sur. AHML. (Exp. 121/1921 - Sig. 1436/ 65)
Almacenes y fábrica de chocolates. Calle B del ensanche. (AHML. Exp. 15/1922 – Sig. 1436/ 80)

En los meses de noviembre y diciembre de 1921 Sainz-Ezquerra termina los proyectos de dos fábricas para el Ensanche de la ciudad, que, como ya es habitual, se derribaron durante los años setenta del siglo pasado.

La primera se proyecta en la calle del E del Ensanche Sur, que en 1935 pasó a llamarse calle de la República Argentina; la parcela tenía un acceso desde la calle de Ordoño II, -que se corresponde con el pasaje actual-, por lo que ahí situó una puerta al patio de la fábrica.

Este edificio, construido para los hijos de Cayetano González, se asienta en una parcela de forma triangular. El edificio se diseña como una nave industrial, con tres crujías paralelas a la fachada que no cubre todo el solar, y deja un espacio libre por la derecha.

La composición de la fachada es simétrica y de clara influencia renacentista. Está dividida en nueve paños marcados por pares de

Fig. 30. Alzado de la fábrica de pastas y chocolates Hijos de Cayetano González. AHML.

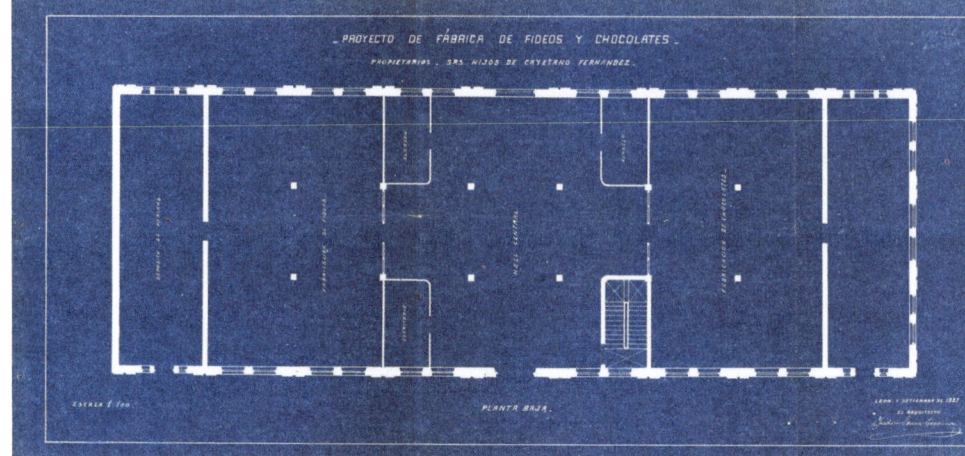

Fig. 31. Planta de la fábrica de chocolates y pasta para sopas de Hijos de Cayetano González. AHML.

pilastras dóricas. La entrada principal, con arco de medio punto, ocupa el paño central. En los extremos se sitúan puertas secundarias dentro de vanos igualmente de medio punto, destinadas a la entrada de materias primas en los almacenes. Sobre la puerta principal se ve otro vano semejante, ventana, con un antepecho de fábrica. Sobre las puertas laterales se abren ventanas triples: la central, más alta y ancha que las laterales, separadas por maineles de sección cuadrada. En el resto de los paños hay ventanas pareadas, igualmente de medio punto, separadas por pilares. Remata el edificio un antepecho que tiene una pequeña decoración sobre las puertas laterales y sobre la puerta central una peineta de influencia barroca.

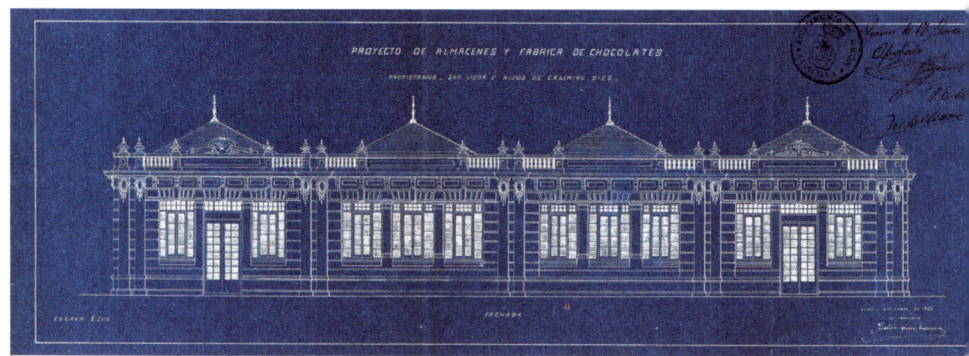

Fig. 32. Alzado de la fábrica de Chocolates de la Sra. Viuda e Hijos de Casimiro Díez. AHML

En la entrada desde la calle de Ordoño II existía una puerta de forja con el nombre de la empresa, que duró más que la propia fábrica. Desapareció en los ochenta.

La segunda fábrica se situaba entre la Gran Vía de San Marcos y la calle del Padre Isla por un lado; y entre la calle de Fajeros y la futura calle B, hoy Lope de Vega, por el otro, pero ocupando parte de dicha calle, es decir incumpliendo el aprobado plan del Ensanche.

Esta fábrica para la Sra. Viuda e Hijos de Casimiro Díez se plantea de manera totalmente distinta a la anterior, a tenor de los escasos planos que se conservan, solo hay planos de alzado de la fachada, en los que apreciamos diversos elementos compositivos y decorativos. El edificio se compone de cuatro módulos iguales, separados, como en el caso anterior, por pares de pilastras dóricas, en este caso decoradas con espejuelos barrocos; cada módulo dispone de tres vanos que en los laterales el central es una puerta, dando así simetría al conjunto. El remate vuelve a ser un peto con tramos de balaustrada que sobre las puertas presenta una pequeña peineta en forma de concha de corte barroco. Cada cuerpo del edificio tiene cubierta independiente a cuatro aguas lo que acentúa el concepto modular de la construcción. Un tiempo después se sobreelevó una planta de forma mimética.

Fig. 33. Plano de la ampliación de uno de los módulos anteriores. Copia del original. AHML

Arquitectura
doméstica:
hotelitos

Arquitectura doméstica: hotelitos

Como hemos señalado, al referirnos a las características de su obra, es en los edificios de corte unifamiliar donde el arquitecto deja su mejor impronta arquitectónica. Los conceptos clasicistas y academicistas están presentes en la composición de sus fachadas y en la decoración, en algunos casos excesiva de cornisas, pilares, guardapolvos, frisos, barandillas... adaptándose perfectamente a los solares y a los gustos de los propietarios.

Los edificios que vamos a analizar a continuación no son todos unifamiliares aunque lo parecen. Dos de ellos se levantan entre medianerías, el resto se proyectan exentos y cuatro tienen una distribución para más de una vivienda; sin embargo, todos podemos encuadrarlos como hoteles o *chalets*.

Por desgracia solo conservamos dos: uno, el levantado entre medianerías en la calle del Padre Isla nº 3, y otro en la misma calle, exento, en el nº 57. El resto fueron pasto de la especulación a lo largo de las tres últimas décadas del siglo XX.

Los trataremos por orden cronológico.

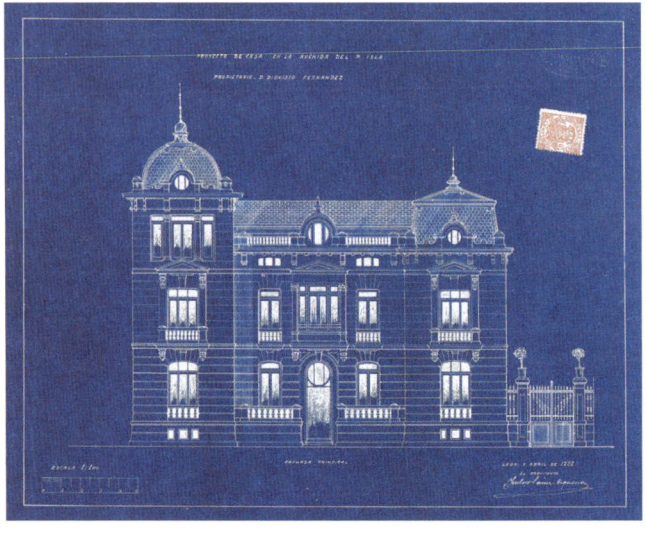

Fig. 34 Alzado principal de la casa de Dionisio Fernández en Padre isla 57 AHML.

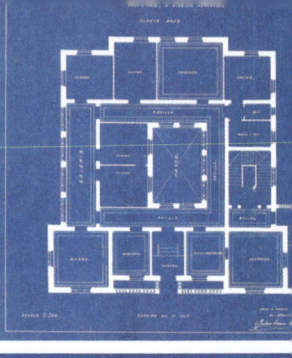

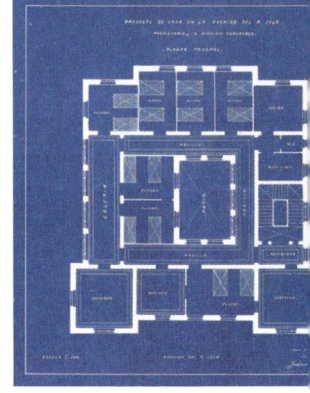

Fig. 37. El chalet en la actualidad

Fig. 35 y 36 Planta baja y principal del chalet AHML.

CALLE PADRE ISLA Nº 57 (AHML. EXP. 54/1922 – SIG. 1436/ 119)

Este *chalet* se levantó en 1922 en la calle del Padre Isla para Dionisio Fernández y hoy es propiedad del ayuntamiento. En él rompe con la simetría formal al elevar más la torre sur de la fachada. En este edificio al igual que en otros del mismo momento se aprecia su acercamiento a la obra de Manuel de Cárdenas en el uso de mansardas y cúpulas. En la composición de la fachada mantienen el mirador encima de la puerta principal, balcones con pretil abalaustrado sobre ménsulas decorativas, capiteles corintios en las esquinas del mirador y en las pilastras de la ventana superior de la torre sur, arcos carpaneles en los vanos de la planta baja, frontones clásicos encima de los balcones y del mirador de la primera planta, óculos en ventanas de ático… todo un repertorio perfectamente equilibrado. En cuanto a la distribución de las plantas todo se desarrolla alrededor de un patio central junto al que discurre el pasillo que da acceso a las habitaciones. La galería, al sur, tiene recuerdos cántabros. Todas las habitaciones tienen ventilación del exterior, salvo dos que dan al patio y a la galería. Llama la atención que, en cuanto a los planos, podemos apreciar que se recrea más en el diseño de la planta superior, lo que supone que sería la destinada al propietario. Un toque clasista.

Detalle de una de las cúpulas del chalet · Fig. 39 Detalle de la otra cúpula del chalet · Fig. 40 La puerta de paso al jardín

AMPLIACION Y REFORMA DEL CHALET DE D. FRANCISCO ROA
EN LA AVENIDA DE LA CONDESA DE SAGASTA.

FACHADA PRINCIPAL.

ESCALA 1:100

LEON Y JULIO DE 1929
EL ARQUITECTO

- PROYECTO DE CASA EN LA AVENIDA DE LA CONDESA DE SAGASTA -
- PROPIETARIO - D. FRANCISCO ROA DE LA VEGA -

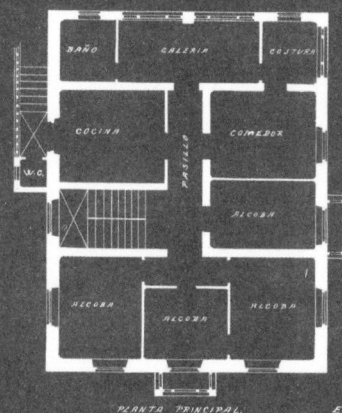

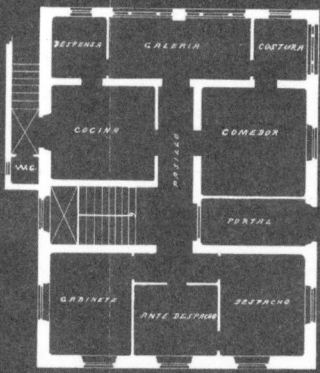

PLANTA PRINCIPAL.   ESCALA 1:100   PLANTA BAJA.   LEON, ENERO DE 1923.

EL ARQUITECTO

PASEO CONDESA DE SAGASTA I (AHML. EXP. 88/1923 – SIG. 1438/ 88 + EXP. 89/1929 – 1447/46)

En el prado de San Marcos, al final del Paseo de la Condesa de Sagasta se levantó, en 1923, un hotelito para Francisco Roa de la Vega y familia. Aquí Sainz Ezquerra se ajusta al clasicismo más puro. El primer diseño presenta una fachada principal simétrica. Sin embargo, seis años después, esta simetría se rompe en la fachada norte al realizar una ampliación para el garaje en planta baja, habitaciones encima y una terraza en el ático.

En la composición de las fachadas oeste y sur vemos miradores sobre ménsulas en la primera planta, que en la oeste soporta un balcón abalaustrado, enmarcado por pilastras corintias pareadas, ligado al ático, y rematado con rico frontón neobarroco. El edificio se complementa con molduras encima de los vanos a modo de guardapolvos y rejería *art decó* en antepechos y puerta de cierre del solar.

La distribución de las plantas tiene una configuración bastante tradicional al situar en la planta baja, en fachada, las dependencias profesionales y en la parte trasera el comedor, las zonas de servicio y la galería; en medio está la escalera de comunicación. La planta principal se destina a las alcobas, dormitorios, y en ella se encuentra el baño. Llama la atención que vuelva a situar en esta planta otra cocina y un comedor, lo que no resulta muy claro. Junto a la escalera lateral, que da acceso a las cocinas, se proyecta una pequeña dependencia para un retrete, en cada planta. Desconocemos el destino y la distribución del ático, pero es posible que estuviera destinado a dormitorios.

Fig. 41 y 42. Alzado reformado y plantas del hotelito de Francisco Roa de la Vega antes de la ampliación. AHML.

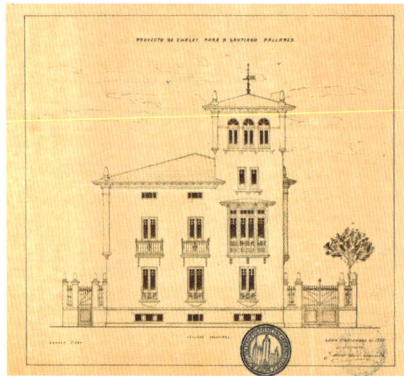

Fig. 43 y 44 Alzados de la clínica-vivienda de Santiago Pallarés Berjón en el Paseo de la Condesa de Sagasta. AHML.

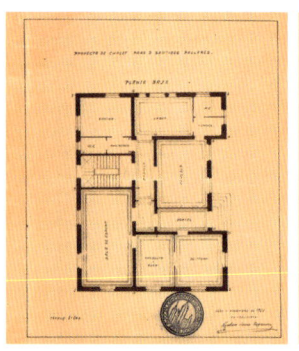

Fig. 45 y 46 Plantas de la clínica-vivienda de Santiago Pallarés Berjón AHML.

Fig. 47 Imagen del chalet cuando, posiblemente fuera ya clínica de Néstor Alonso. Autor desconocido

Fig. 48 Derribo de la clínica de Néstor Alonso. Foto César

PASEO CONDESA DE SAGASTA II (AHML. EXP. 4/1926 – SIG. 1443/34)

Tres años después en el mismo paseo, en un solar cercano al anterior, el arquitecto diseñó un edificio destinado a clínica y vivienda del doctor Santiago Pallarés Berjón y familia. Este edificio, conocido por su siguiente ocupante, el también médico Néstor Alonso, desapareció a finales del siglo XX.

En este caso, Sainz Ezquerra suma a una concepción clasicista conceptos de la arquitectura regionalista. Lo primero se refleja en el tratamiento de la rejería de los balcones, en el juego de las torres y en las tres ventanas en que remata la más alta; a lo segundo corresponden el mirador de madera y las pilastras que enmarcan el balcón corrido, las esquinas de la torre alta y una de las esquinas del edifico, que recuerdan a los muros cortafuegos de las casas montañesas de la cordillera cantábrica.

En cuanto a la distribución interior vemos que se marca la diferenciación entre la zona de clínica, con entrada propia, y la vivienda, cuyo acceso tiene una importancia menor. Se separan, como es común en muchos hotelitos, la zona de servicios en la planta baja y la zona de dormitorios en la planta superior. Desconocemos el destino del ático y de ambas torres.

En el tratamiento de los planos se aprecia un cierto clasismo al detallarse más ciertos elementos como las molduras de escayola y, por primera vez, las piezas del baño. Igualmente, por primera vez aparecen dos inodoros en cada planta, para uso de un solo grupo familiar.

Según Dª Carmen Crespo Sainz Ezquerra, nieta del arquitecto, el primer diseño de este edificio fue para su familia, pero su esposa consideró que estaba muy lejos del centro.

CALLE PADRE ISLA Nº 3 (AHML. EXP. 7/1927 – SIG. 1444/89)

En 1927 diseña un edificio con espíritu de hotelito para Segundo Costillas. La obra, de planta principal y otra bajo cubierta, se sitúa en el corazón del Ensanche, en la esquina del Padre Isla número 3 con una calle particular que hoy es Héroes Leoneses.

La construcción tiene estructura de muros de carga con dos crujías paralelas a las fachadas. El proyecto, claramente clasicista, se reforma a poco de iniciarse las obras para transformar el ático en una planta más. En este proceso se eliminan los frontones sobre el mirador y los balcones a modo de guardapolvos del diseño original, para reducir el peso historicista de las fachadas; sin embargo, mantiene el fajeado. Se crea una jerarquía en altura al resaltar la planta principal con un mirador de obra en el extremo de la fachada de la calle del Padre Isla y balcones volados sobre ménsulas en ambas fachadas; se acentúa esto al reducir la altura de la planta superior y el vuelo de los balcones, que así sirven de guardapolvos para los de la planta principal.

La esquina se enfatiza en ambas alturas con un mirador de planta semicircular con pilastras corintias, que remata en una cúpula, y que dialoga con las mansardas de los edificios colindantes y cercanos, como

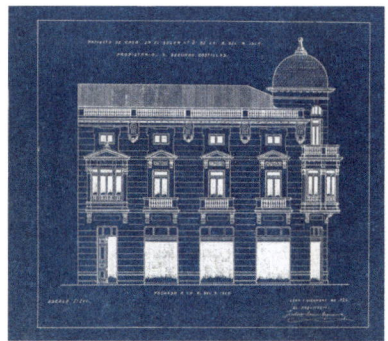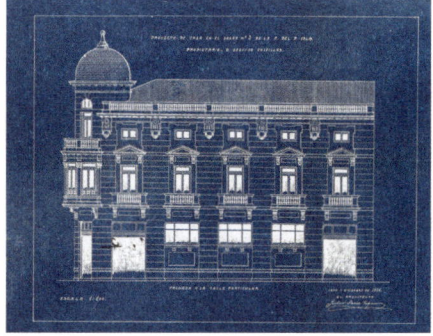

Fig. 49 y 50 Primeros alzados del edificio de Segundo Costillas. AHML.

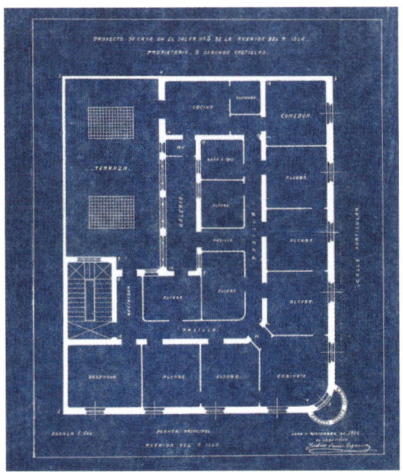

Fig. 51. Planta principal de la casa. AHML.

Fig. 52. Alzado definitivo de la calle del Padre Isla. Copiado de original. AHML.

la Casa Goyo, el hotel Oliden y la Casa Roldán. Un antepecho oculta los tejados.

En cuanto a la distribución interior diseña la escalera en un extremo del solar por lo que crea un largo pasillo para dar acceso a las habitaciones que, por un lado, dan a la calle y, por otro, a un patio de manzana, con terraza en la primera planta. Volvemos a ver un baño con inodoro y una dependencia pequeña para un retrete.

Esta distribución, que es muy común, se atiene a lo que comentaba Felipe Moreno Medrano y que se recoge en el libro *El Ensanche de la Ciudad de León, 1900-1950*:

En cuanto a las distribuciones hay que destacar, como señala Felipe Moreno, que siempre se planteaban con las dependencias principales hacia el exterior, todas ellas indiferenciadas, quedando al interior las dependencias de servicio, "esto permite que cada vecino distribuya el salón y los dormitorios como deseen y con el paso del tiempo y las variaciones de la familia, las adaptaciones de la vivienda resulten fáciles, y que al salir los hijos de casa se traslade el salón de habitación o se desplace el dormitorio matrimonial sin obras. Entre sus recuerdos hay que anotar que muchos de los propietarios al hacer el encargo le pedían «pasillos largos» lo que a Felipe Moreno le recordaban los vagones de tren. (Ponga Mayo, 1997, p. 137)

Fig. 53. Vista general de la casa

Fig. 54 y 55. Detalles de la fachada

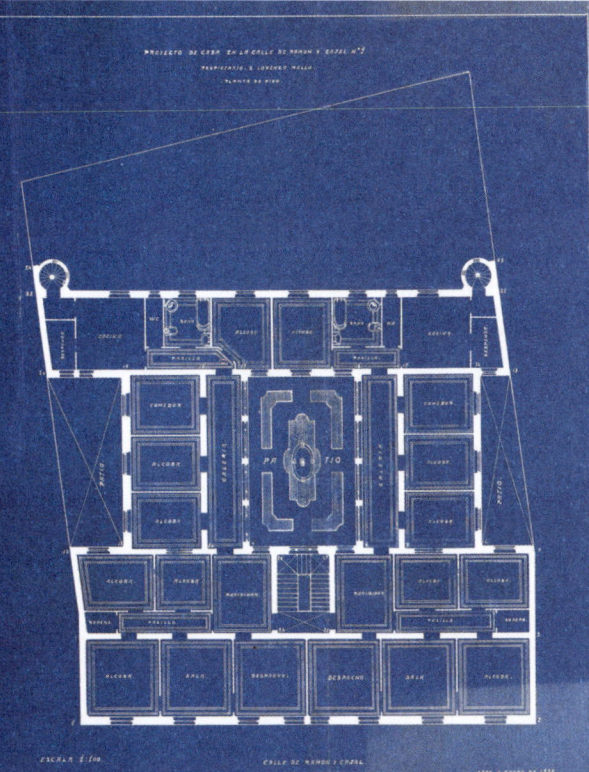

▲Fig. 56. Alzado del edificio de la calle de Ramón y Cajal nº 9. AHML.

◀Fig. 57. Planta principal de la casa de la calle de Ramón y Cajal nº 9 AHML.

CALLE RAMÓN Y CAJAL Nº 9 (AHML. EXP. 22/1928 – SIG. 1445/13)

En el número 9 de Ramón y Cajal, en un solar entre medianerías, Sainz Ezquerra proyecta una casa para Lorenzo Mallo: los bajos estaban destinados a locales comerciales, la primera planta dividida en dos viviendas casi simétricas y el ático tenía un destino desconocido. Por la dimensión de cada una de las viviendas y la calidad y detalles del dibujo del proyecto, queda claro que el edificio estaba destinado a un nivel social alto.

La construcción era de muros de carga en cuatro crujías paralelas a fachada, la tercera alrededor del patio. En la composición de la fachada el arquitecto desarrolla un programa clásico. En el centro de la planta baja, el portal con arco de medio punto y guardapolvos enmarcado por dos pilastras jónicas; a los lados amplios vanos para los locales comerciales separados por otras pilastras, igualmente jónicas, que llegan a la línea del ático. En los extremos de la primera planta se sitúan miradores y en el resto balcones de forja *art decó*; tanto miradores como balcones parecen estar soportados por ménsulas neobarrocas, fingidas. Sobre la puerta de entrada se sitúa un balcón de obra, abalaustrado, sobre ménsulas, dividido interiormente, al que se abren dos vanos, casi geminados, que se corresponden, cada uno, con una vivienda distinta. Todos los balcones presentan decoración de orejas. Un amplio repertorio ecléctico.

Las distintas dependencias de la casa se distribuyen alrededor de un gran patio central y dos patios laterales. En la primera crujía se encuentran las habitaciones principales; en la segunda se sitúan la escalera y dos estancias; a los lados del patio central las galerías comunican con varias alcobas, y en la crujía trasera se ubica la zona de servicio. Aquí se proyecta un baño completo, lavabo, inodoro, bañera y bidé. En los extremos de la fachada trasera se sitúan elementos torreados con escalera de caracol que parece ser el acceso al ático. Se diseña un jardín en el patio.

Según la nieta del arquitecto, Dª Carmen Crespo, el arquitecto y su familia ocuparon durante varios años una de las viviendas.

Este es otro de los edificios cuya desaparición ha sido lamentable.

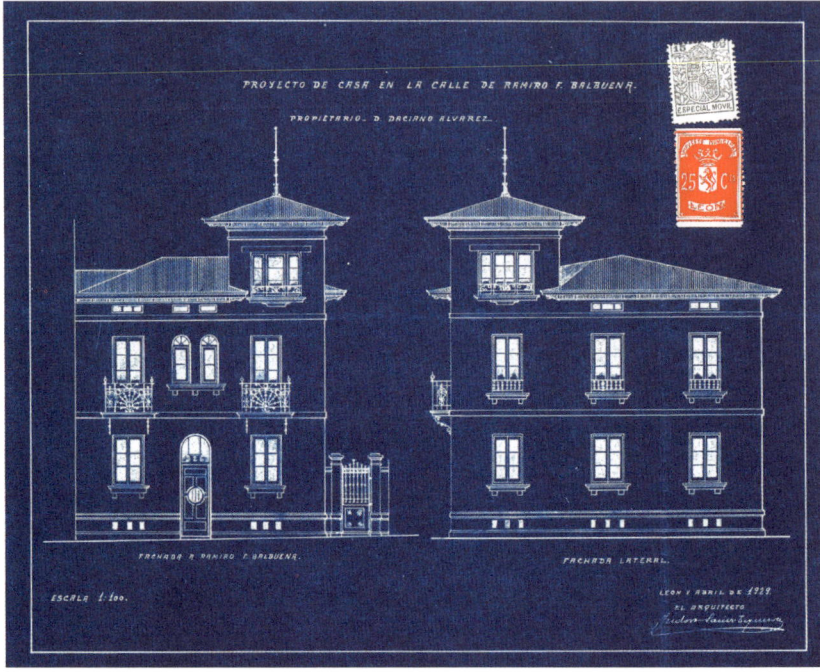

Fig. 58. Alzados del hotel de la calle de Ramiro Fernández Balbuena. AHML.

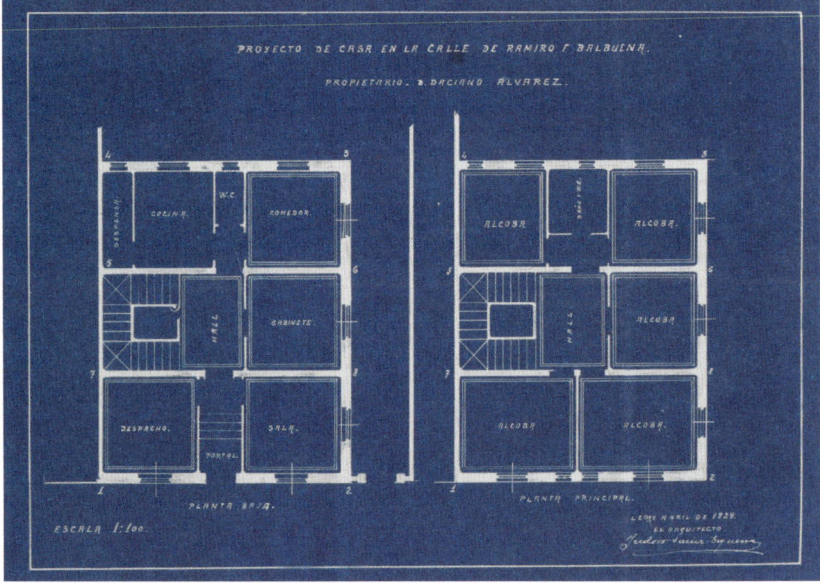

Fig. 59. Plantas del hotel de la calle de Ramiro Fernández Balbuena. AHML.

CALLE DE RAMIRO FERNÁNDEZ BALBUENA (AHML. EXP. 40/1929 - SIG. 1446/147)

En el año 1929 el arquitecto diseña este hotel para Daciano Álvarez. El edificio mantiene el mismo esquema de obras anteriores tanto en fachadas como en la distribución de las plantas. Sin embargo, llama la atención que, para conseguir la simetría de la primera planta, vuelva a utilizar el juego de vanos geminados encima de la puerta del edificio, esta vez con ventanas. La rejería *art decó* y las ventanas tripartitas de la torre son igualmente recurrentes.

Este edificio, como el ya citado del doctor Pallarés, refleja el conocimiento que tiene Sainz Ezquerra de la arquitectura tradicional, en la que se inspiran ambas construcciones por lo que debemos incluirlos en la corriente regionalista.

La distribución de las plantas es la de costumbre, abajo el comedor y las dependencias de servicio y en la planta superior las habitaciones con el baño.

PLAZA CORTES LEONESAS, ESQUINA CALLE DEL FUERO (AHML. EXP. 33/1931 – SIG. 1449/10)

El último hotelito lo proyectó Sainz Ezquerra en 1931, para consulta y vivienda del doctor Pedro Mata López, en la plaza de las Cortes Leonesas esquina a la calle del Fuero. En este edificio Sainz Ezquerra recurre igualmente a una composición clásica casi simétrica en la que vuelve a emplear el mirador circular en la esquina, con pilastras corintias, que solo ocupa la planta principal. Sobre él, un balcón con pretil abalaustrado que se corresponde con la torre que enfatiza la esquina y sustituye a la cúpula del edificio de la calle del Padre Isla nº 3.

El edificio se proyecta con muros de carga. El revoco de las fachadas imita la sillería, los vanos arqueados, las impostas corridas a modo de guardapolvos sobre los vanos y el resalte de falsas claves sobre ellos acentúan el clasicismo de la obra. La rejería es *art decó*.

Fig. 60. Casa del doctor Mata. Alzado de la calle de El Fuero. AHML

Fig. 61. Alzado de la calle de El Fuero. Copia del original. AHML.

La distribución interior vuelve a separar, de forma más acentuada, la diferencia entre la zona de consultas médicas y las dependencias de la vivienda. La entrada a la vivienda se hace por una escalera exterior sita en un cuerpo retranqueado en la fachada interior, con acceso desde la plaza de las Cortes Leonesas. La entrada a la zona de la clínica está a nivel de la calle, con la escalera interior, y ocupa todas las dependencias que dan a la fachada. La comunicación entre las plantas se hace mediante una escalera imperial que, junto con el hall (recibidor), ocupa el centro del edificio. En el semisótano están las dependencias de servicio; en la planta baja, además de la clínica, se sitúan la cocina y el comedor; la planta superior la ocupan las alcobas, un baño completo, galería, terraza, ropero y una dependencia destinada a tocador, que no falta nunca en los edificios de cierto nivel diseñados por Sainz Ezquerra. Otra escalera da paso al ático y a la torre.

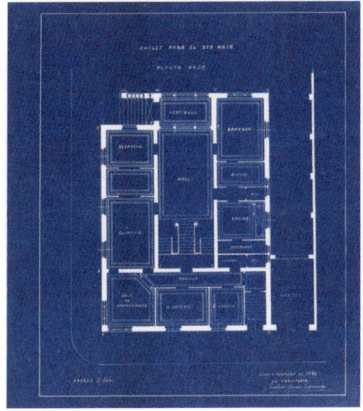 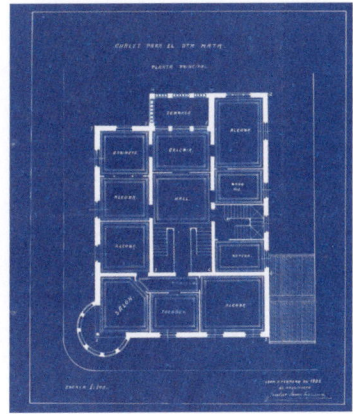

Fig. 62 y 63. Plantas baja y primera. AHML

Llama la atención la existencia de una pequeña dependencia en la zona de la clínica destinada a lavabo y retrete, independiente del resto de la casa.

Volvemos a ver que los planos presentan en detalle las molduras de las diferentes habitaciones, marcando con ello las zonas principales de la casa.

Fig. 64. Foto de César en la que aparece parte del chalet del doctor Mata

Arquitectura
doméstica.
Casas de vecinos

Arquitectura doméstica. Casas de vecinos

En la arquitectura doméstica destinada a vecindad encontramos la evolución más clara de la arquitectura de Sainz Ezquerra que va desde el eclecticismo de sus primeros años al neogótico, neorrenacimiento y neobarroco, entre el que intercala, como ya hemos visto elementos de la arquitectura regionalista; después, sus obras se acercan al racionalismo creando un estilo propio que, en la postguerra se va transformando en lo que se ha denominado arquitectura nacional.

Analizaremos los edificios más característicos de cada uno de estos momentos.

AVENIDA DE ROMA Nº 4. (AHML. EXP. 44/1922 – SIG. 1436/109)

Bernardo de Juan Mallo encarga a Isidoro Sainz Ezquerra en 1922 un edificio en el encuentro de la prolongación de la calle de Ramiro Fernández Balbuena[3] con la calle de Colón.

Fig. 65. Desarrollo de las fachadas de la casa de la avenida de Roma por la calle de Colón. AHML

Empecemos por decir que es significativo que proyectándose como una construcción de planta baja y tres plantas de pisos, como se puede apreciar en el alzado del proyecto, a la hora de construirse la última planta se transformó en bajocubierta. La construcción tiene una estructura de muros de carga con crujías paralelas a las fachadas, cuatro en la avenida de Roma y en disminución en el resto.

---

3   En el año 1922 se puso el nombre de Ramiro Fernández Balbuena a la calle que iba desde la plaza de Guzmán el Bueno hasta la avenida del Padre Isla. No será hasta el año 1931 cuando, al tramo que va desde la plaza Circular (de la Inmaculada) hasta la plaza de Guzmán el Bueno se le denomine calle de Méjico y en el año 1936 se le cambie el nombre por el de la Avenida de Roma.
El nombre de Méjico se le da por levantar en ella diversos edificios promotores leoneses, naturales de la montaña la mayor parte de ellos, que emigraron a dicho país americano, y que retornaron a su tierra.

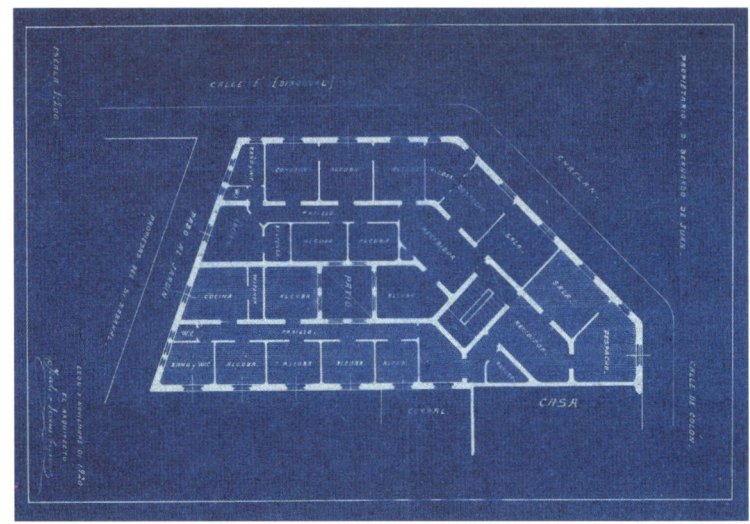

Fig. 66 Planta de la casa. AHML

El planteamiento del arquitecto vuelve en esta obra a los principios decimonónicos con una composición de fachadas simétricas de marcada verticalidad de miradores, balcones y ventanas contrarrestada por las impostas que coinciden con la línea de forjados.

Fig. 67. Miradores del chaflán de la casa de la avd. de Roma por Colón

Retoma aquí Sainz Ezquerra el recurso de utilizar elementos de varios estilos. Junto a un friso de azulejos de tinte modernista, vemos sobre ventanas y balcones, guardapolvos a modo de arquivolta o alfiz, respectivamente; sobre los miradores, aparecen balcones, que se corresponden con las buhardillas y que presentan balaustradas de corte renacentista; en la planta baja, correspondiendo verticalmente con las estrechas ventanas, se diseñan óculos neobarrocos.

En cuanto a la distribución de las plantas se aprecia una importante diferencia entre una de las viviendas que ocupa la mayor parte de la fachada y la otra con solo dos dependencias a la calle, dando así más importancia a una de las viviendas sobre la otra. A pesar ello, en las dos viviendas por planta, se proyectan tanto inodoros como baños.

Una parte de las habitaciones tienen ventanas a una calleja, lo que deja un hueco sin posibilidad de cierre en la línea de la calle; hecho común a otros edificios de la misma vía; algunos se llegan a cerrar, pero este y otro del mismo lado, entre los números 16 y 18, mantienen el callejón.

Fig. 68. Detalle de ventanas

Fig. 69. Fachada de la avenida de Roma

Fig. 70. Alzado de la casa de Amancio Lorenzana. AHML

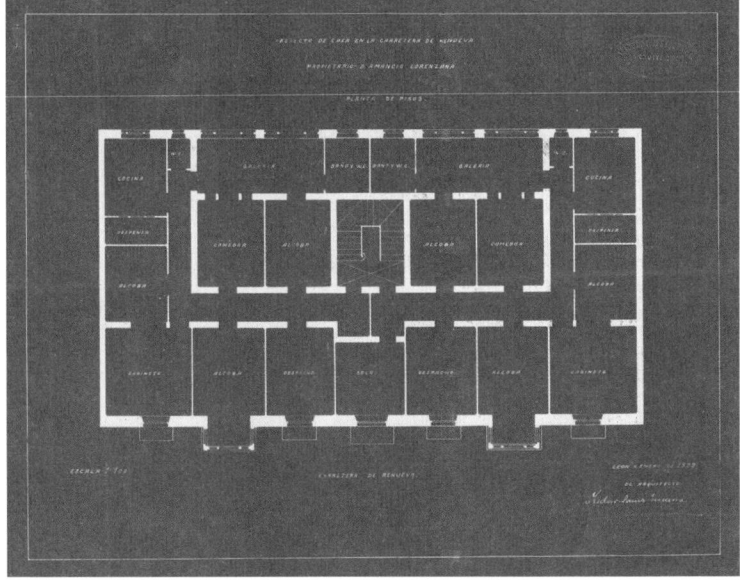

Fig. 71. Planta de pisos de la casa. AHML

CALLE RENUEVA Nº 15 (AHML. EXP. 50/1922 – SIG. 1436/ 115)

En la carretera de Renueva, hoy Suero de Quiñones, proyecta Sainz Ezquerra, para Amancio Lorenzana, un edificio de vecinos que por desgracia no se conserva. Tenía planta baja comercial y tres más con dos viviendas en cada una y ático, con distribución desconocida. La composición es clásica, escalera en el centro del solar y un largo pasillo que comunica las dependencias; las principales tienen ventanas a la calle, una alcoba se comunica a través de otra habitación, y dos más que se ventilan desde la galería que ocupa la contrafachada. Encontramos por primera vez en la misma vivienda un baño completo y unap equeñad ependenciap arau nr etrete,p osiblemente para el servicio.

La fachada es simétrica y tienen una acusada verticalidad, marcada por los cuerpos volados de los balcones y las pilastras que enmarcan los vanos centrales y los extremos del edificio. Enfatizando la simetría, en el eje central sitúa la puerta de entrada al edificio con arco de medio punto; encima un balcón clásico con antepecho abalaustrado, dos balcones y remata un chapitel que recuerda el que Manuel de Cárdenas hace para la casa de Goyo en la plaza de Santo Domingo. El balcón central citado y los miradores vuelan sobre grandes ménsulas neobarrocas; los balcones de la segunda y tercera planta tienen ménsulas semejantes, más pequeñas. La fachada remata, a los lados del chapitel, en un antepecho que, sobre los miradores, se adorna con una peineta barroca que enmarca las pequeñas ventanas del ático. La rejería de los balcones, como en los anteriores es *art decó.*

En este edificio, como varios de los que vamos a ver a continuación, el arquitecto se esmera en ofrecer una imagen en la fachada que generalmente no se corresponde con la distribución y calidad de los interiores: es el afán de una clase media por dar una imagen superior a su realidad, aparentar, aparentar…

Fig. 72. Desarrollo de las fachadas de la casa de Manuel Rodríguez. AHML

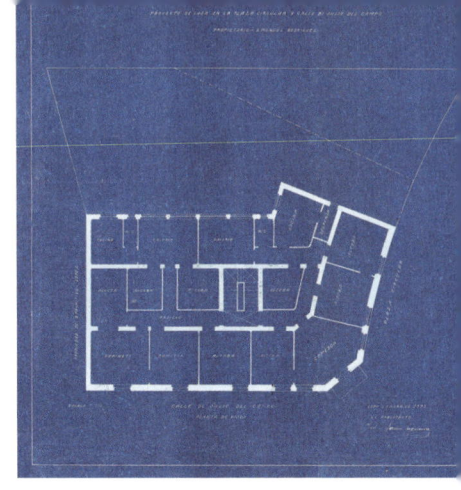

Fig. 73. Planta de pisos de la casa. AHML

Fig. 74 y 75. Imágenes actuales

PLAZA CIRCULAR, ESQUINA CALLE JULIO DEL CAMPO (AHML. EXP. 52/1922 – SIG. 1436/117)

Este edificio que se conserva en la esquina de plaza de la Inmaculada con la calle de Julio del Campo, fue encargado a Sainz Ezquerra por Manuel Rodríguez. El arquitecto se adapta a un solar en esquina, descompensado, más largo por la calle que por la plaza, por ello diseña una parte con eje en el ángulo, al que incorpora por Julio del Campo, el resto del edificio, como si fuera un añadido. El primer tramo lo soluciona mediante un cuerpo de miradores, en el chaflán, y otros dos cuerpos de balcones, enmarcados por pilastras corintias, y entre ellos ventanas pareadas; los tres cuerpos sobresalen por encima del alero en forma de torres; el del chaflán remata en una sencilla cúpula, de planta cuadrada, decorada con un óculo enmarcado por un frontón neobarroco, que recuerda la decoración del edificio anterior.

En el resto de la fachada de la calle de Julio del Campo presenta balcones. Estos, como los de los cuerpos torreados, tienen barandillas de forja *art decó*, salvo los de la primera planta de los cuerpos torreados cuyo cierre es de fábrica abalaustrada.

En cuanto a la distribución interior no hay nada que marque diferencias con las ya vistas: habitaciones principales a fachada, alcobas con ventilación a través de otras habitaciones y las galerías, con las de servicio en la parte trasera, mirando al patio de manzana

Un edificio, como los anteriores, para una burguesía tradicional y tradicionalista que se va asentando en el Ensanche como signo de clase. Sin embargo, resulta llamativo que se proyecte solo un retrete en cada vivienda y que no exista baño, como en otras obras.

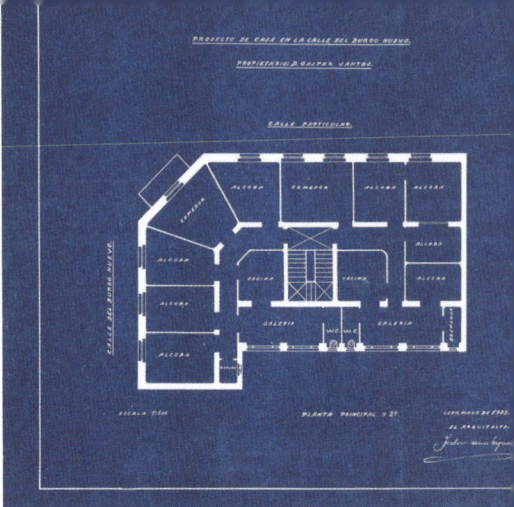

Fig. 76. Desarrollo de la fachada de la casa de Gaspar Santos. AHML

Fig. 77. Planta de pisos de la casa. AHML

Fig. 78 y 79. Imágenes actuales de la casa. Vista general y detalle.

CALLE BURGO NUEVO, ESQUINA CALLE VILLAFRANCA. (AHML. EXP. 79/1923 – SIG. 1438/79)

En la esquina de la calle de Villafranca del Bierzo haciendo esquina con la calle del Burgo Nuevo se levanta el edificio proyectado para Gaspar Santos. Se compone de planta baja comercial, dos plantas con dos viviendas cada una y un ático, pero, como ya hemos visto en otros casos, se añade una planta más al iniciar las obras.

La fachada es un ejemplo del estilo del arquitecto. Se enfatiza el chaflán con un cuerpo de miradores de obra sobre ménsulas fingidas, entre pilastras dóricas, que remata en el ático con un balcón abalaustrado, con un remate neobarroco. Las fachadas repiten secuencias de balcones, unos con vuelo y otros planos, alternativamente, que se separan por pilastras semejantes, de la planta baja al alero.

La distribución interior mantiene el mismo esquema, habitaciones principales a la calle y el resto al patio, con ventilación a través de la galería u otra habitación. Volvemos a ver solo urinarios, no se proyectan baños.

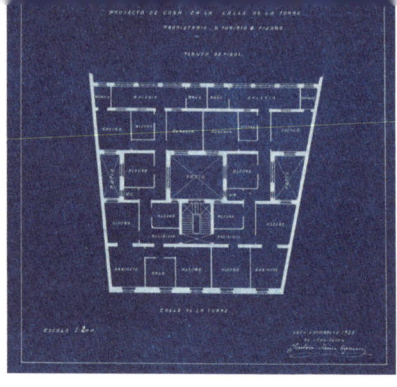

Fig. 80. Alzado de fachada de Toribio Fierro en la calle de La Torre. AHML

Fig. 81. Planta de pisos de la casa de La Torre. AHML

Fig. 82. Fachada de la casa de La Torre

CALLE LA TORRE Nº 3. (AHML. EXP. 179/1925 – SIG. 1442/134)

En 1925 Toribio G. Fierro encarga a Sainz Ezquerra el proyecto de un edificio de viviendas en el nº 3 de la calle de La Torre. Es una casa de vecinos en un solar de gran profundidad, con estructura de muros de carga en cinco crujías, paralelas a la fachada. Sitúa en la tercera un patio central y dos laterales, lo que permite dar luz a la escalera y a varias dependencias. Llama la atención que coloque en la parte trasera una galería mirando al norte. En altura presenta bajo comercial, tres plantas con dos viviendas cada una y bajocubierta con otras dos. La fachada, clasicista, presenta tres hileras de balcones con guardapolvos encima y entre ellos dos cuerpos de miradores de obra con pilastras en las esquinas y capiteles compuestos; el balcón central de la primera planta es de obra con pretil abalaustrado; las barandillas y antepechos de balcones y miradores tienen decoración modernista. Remata la fachada con óculos, que se corresponden

Fig. 83. Detalle de la casa

con el bajo cubierta, de estilo neorococó. Organizando el conjunto pilastras de orden toscano, decoradas, simulan que sostienen el alero. Ovidio Prieto, en un artículo del Diario de León, dice:

… ¿Eclecticismo?... Ciertamente un tardío Historicismo Neobarroco, monumental y de gran plasticidad que Sainz Ezquerra dispuso, manejando, con su habitual maestría ese conocido repertorio formal y decorativo, «academicista», acorde al gusto de una burguesía acomodada y emergente deseosa de abandonar el recinto amurallado para ir ocupando, poco a poco, el novedoso Ensanche ¡Tan «saludable» y abierto al futuro!» (Prieto Martínez, 2022, p. 52).

Fig. 84. Detalle de la casa

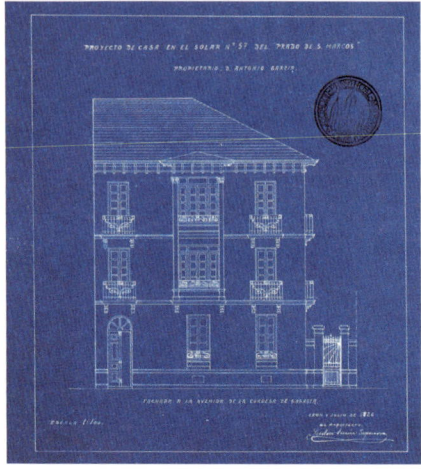

Fig. 85. Alzado de la casa nº 38 del Paseo de la Condesa de Sagasta. AHML

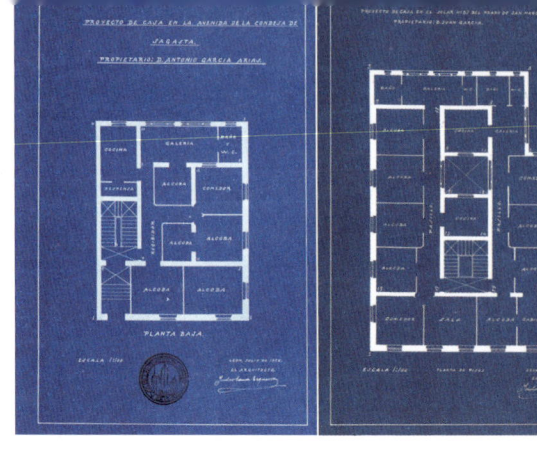

Fig. 87 y 88. Plantas de pisos de las casas nº 38 y 40 del Paseo de la Condesa de Sagasta. AHML

Fig. 86. Alzado de la casa nº 40 del Paseo de la Condesa de Sagasta. AHML

Fig. 89. Dibujo conjunto de los alzados finales de las casas nº 38 y 40 del Paseo de la Condesa de Sagasta. Copiados de los originales. AHML

Fig. 90. Los edificios de los señores García en construcción, detrás del chalet de Santiago Pallarés. Postal

PASEO DE LA CONDESA DE SAGASTA 38-40 (PRADO DE SAN MARCOS Nº 57) (AHML. EXP. 122/1926 – SIG. 1444/26)

En el solar 57 del prado de San Marcos -hoy números 38-40 del paseo de la Condesa de Sagasta- proyecta para Antonio y Juan García dos casas adosadas, que no se conservan. Los proyectos, semejantes, tienen planta baja más dos alturas, pero, como de costumbre, la primera subió en obra dos plantas más y la segunda, una y un retranqueo, efectuado posiblemente años más tarde, uno de los primeros del Ensanche. El resultado son construcciones con tres fachadas cada una sobre parcelas de distintas dimensiones.

El primer edificio, por la escasa dimensión del solar presenta solo una vivienda por planta y su estrecha fachada está marcada por la verticalidad del cuerpo de miradores con balcones a los lados; antepechos con rejería *art decó*. Un pasillo, a norte, que da paso al patio interior, permite balcones en la fachada lateral; como siempre, en la trasera se proyecta una galería con acceso al baño.

El segundo edificio, con mayor superficie de planta, se organiza en dos viviendas: una con todas sus dependencias a las fachadas principal y lateral, la cocina al patio interior y la galería, el retrete y el baño al patio trasero. La otra, más reducida y de inferior categoría, solo dispone dos dependencias a la calle, otras dos alcobas tienen ventilación por el pasillo, la cocina igualmente al patio interior, mientras el comedor, la galería el retrete y baño, también se orientan hacia el patio trasero. En la fachada principal volvemos a ver una composición clásica, los miradores ocupan los extremos, los balcones encima del portal y dos hileras de ventanas entre ambos; en la fachada lateral se alternan ventanas y balcones. Las barandillas y antepechos de ambas fachadas tienen diseño *art decó*.

CALLE ORDOÑO II Nº 13, ESQUINA CALLE GIL Y CARRASCO (AHML. EXP. 39/1919 – SIG. 1434/18).   (AHML. EXP. 89/1927 – SIG. 1445/39)

La historia de este edificio, desparecido como muchas de las obras de Sainz Ezquerra en los últimos años del siglo XX, es larga. Se inicia con la construcción de unos almacenes de planta baja en 1919; en 1927 se proyectan encima tres plantas y el ático, que en obra se convierte en una planta de menor altura. El edificio tenía estructura de muros de carga con las dos primeras crujías paralelas a la fachada de la calle de Ordoño II.

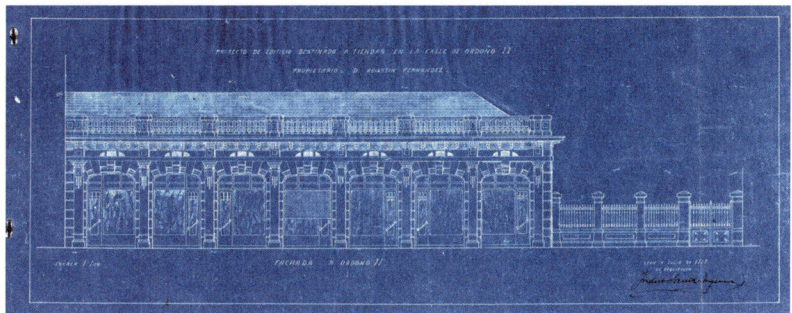

Fig. 91. Plano de los almacenes de 1919 en Ordoño II nº 13. AHML

El programa decorativo empleado en el primer proyecto se mantiene y se desarrolla en las plantas elevadas sobre el almacén; así, las pilastras que enmarcan los vanos de la planta baja se extienden hasta el alero y se mantienen los elementos neobarrocos. La primera planta, dedicada a oficinas tiene grandes ventanales, salvo en los extremos de la fachada de la calle de Ordoño II, a donde llega el cuerpo de miradores de las plantas superiores. En esa misma fachada, la planta principal, ocupada por una sola vivienda, se enfatiza mediante un amplio balcón que recoge los tres vanos centrales, de inspiración palaciega; en la planta superior los balcones se alternan con las ventanas; la última planta solo presenta ventanas y balcones como remate de los miradores. La fachada de Gil y Carrasco mantiene el mismo programa compositivo, pero sin vuelos.

Fig. 92. Alzado de la casa de Ordoño II nº 13, año 1927. AHML

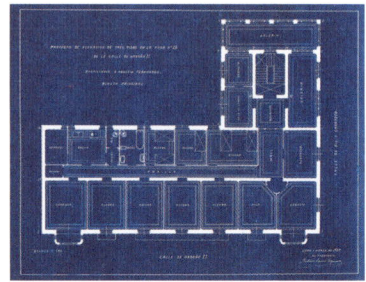

Fig. 93. Planta principal de la casa de Ordoño II nº 13. AHML

Todos los vanos van enmarcados por molduras de orejas; los balcones y miradores se acompañan de tarjetas, por debajo del alfeizar. Todo un repertorio neobarroco para una casa en una esquina emblemática de la calle de Ordoño II, la arteria principal del Ensanche.

Las dos últimas plantas tienen dos viviendas cada una, con la preferencia de una sobre la otra. En la primera todas las habitaciones se abren a una de las calles, incluso la cocina, el retrete y el baño; en la otra solo solo dos alcobas dan a la calle de Ordoño II, el resto lo hacen al patio de

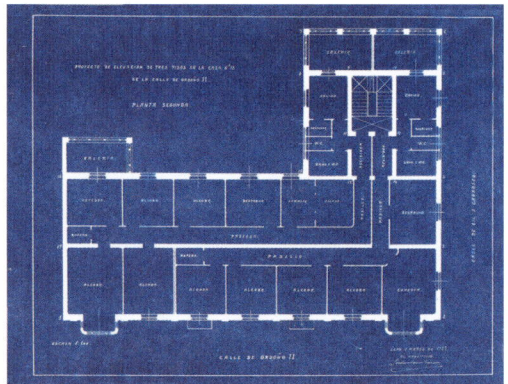

Fig. 94. Alzado de la planta segunda de la casa de Ordoño II nº 13. AHML

manzana; en compensación, esta vivienda, tiene una galería más. Esta jerarquía también se aprecia en altura y se refleja en la gráfica de los planos; la planta principal se detalla más que el resto.

A finales de los años sesenta se planteó una intervención en el edificio para elevar plantas, lo que ocasionó problemas de estabilidad por lo que estuvo apuntalado con una estructura de madera varios años. Por esto, popularmente, fue denominada como la "casa del chupa chus", por la similitud con la publicidad de dicho caramelo: "un palito lo sostiene…".

Fig. 95. La casa de Ordoño II nº 13 poco después de su construcción. Foto Gracia

Fig. 96. La casa de Ordoño II nº 13 apuntalada. La casa del chupa-chups

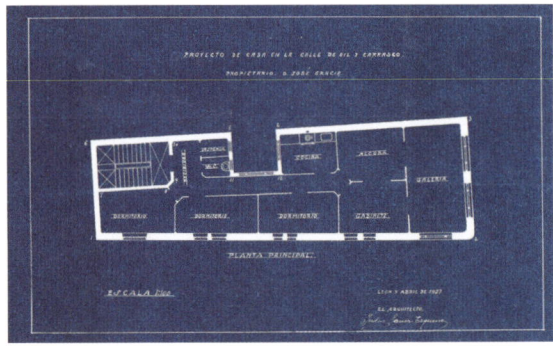

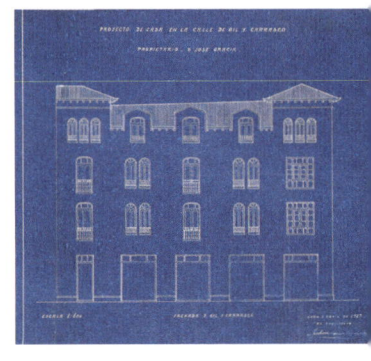

Fig. 97. Planta de la casa de Gil y Carrasco esquina a Burgo Nuevo. AHML

Fig. 98. Alzado de la calle de Gil y Carrasco. AHML

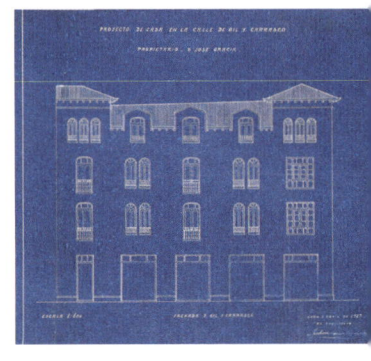

Fig. 99 La casa de Gil y Carrasco esquina a Burgo Nuevo. AHML

CALLE GIL Y CARRASCO Nº 7, ESQUINA BURGO NUEVO (AHML. EXP. 93/1927 – SIG. 1445/43)

En la esquina de la calle de Gil y Carrasco con la del Burgo Nuevo proyecta un edificio para José García en 1927, en un estrecho y pequeño solar.

El edificio originalmente tenía bajo comercial, dos plantas con una vivienda cada una y ático; en obra este ático se transforma en una vivienda más, lo que es común en la época y podemos observar, dado que el edificio se conserva.

Aquí ensaya el arquitecto un diseño de fachada que, sin abandonar el clasicismo, intenta acercarse formalmente al racionalismo. Así, tenemos que el proyecto mantiene las clásicas ventanas geminadas en las dos primeras plantas por la calle de Gil y Carrasco y dos torreones que rememoran los palacios leoneses renacentistas y barrocos, Esta imagen se desdibuja al convertir el ático en una planta más. En la simplificación de formas elimina todos los vuelos en balcones y miradores; estos se convierten, en la torre de esquina, en grandes ventanales, con carpintería reticulada, en las dos primeras plantas, correspondiendo con las galerías interiores. Las bajantes de aguas del tejado son usadas al modo de las pilastras que vemos en muchos de los edificios anteriores, lo que acentúa la verticalidad del edificio. Hoy está pintado en bandas de colores distintos.

La distribución interior la resuelve creando un pequeño patio para ventilar la cocina y el retrete. No hay baño y por el escaso tamaño de la planta el acceso al retrete es desde el recibidor.

Parece que la decisión de ensayar las formas racionalistas estuviera ligada a las viviendas de clase media.

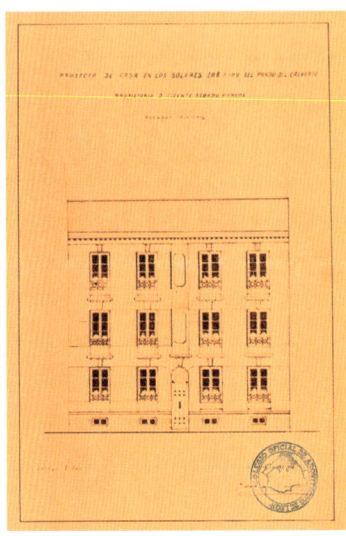

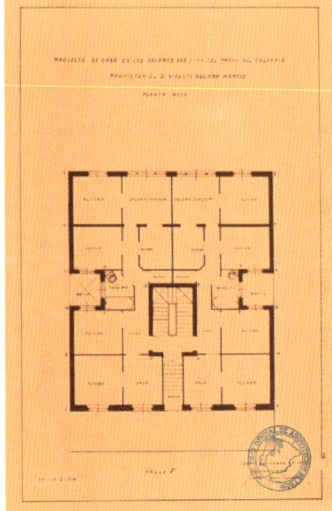

Fig. 100 y 101. Alzado de la fachada y planta de pisos del edificio de Vicente Aguado Ramos en la calle de Bernardo del Carpio. AHML.

Fig. 102. Alzado de la casa. Copiado del original. AHML.

Fig. 103 y 104. La casa de Vicente Aguado Ramos y un detalle

CALLE BERNARDO DEL CARPIO Nº 22 (AHML. EXP. 9/1936 – SIG. 1458/8)

En la calle de Bernardo del Carpio, que entonces formaba parte del prado del Calvario, proyectó una casa, para Vicente Aguado Ramos. El edificio consta de semisótano, planta baja de viviendas y dos plantas, con dos viviendas cada una, a las que, en obra, añadió dos más bajo cubierta, como se puede ver todavía hoy en el número 22 de dicha calle. El aprovechamiento del solar podemos considerarlo excesivo, pues, como señala Prieto Martínez (2023), en el semisótano se habían proyectado las carboneras "que en obra completó con usos residenciales".

La fachada combina la verticalidad del cuerpo central ciego, en el que se sitúa el portal y que alterna paños enfoscados con otros de ladrillo, con franjas horizontales enfoscadas y otras en las se abren los vanos de ventanas entre amplios machones del mismo ladrillo.

La distribución sigue los planteamientos clásicos con habitaciones a la calle, un baño completo, cocina y otras estancias a patios laterales y la última alcoba, con la galería-comedor al patio de manzana.

Esta es la primera obra en la que el arquitecto emplea el ladrillo sin enfoscar en una fachada. La combinación de paños enfoscados, que en el cuerpo central presenta placas resaltadas, con otros de ladrillo, repisas a modo de guardapolvos, claves y líneas, también de ladrillo, tiene como resultado una fachada equilibrada y plástica, que demuestra la maestría del arquitecto en el manejo materiales y que para Prieto Martínez (2023, p. 52) es "un primoroso *art decó* hoy menospreciado…"

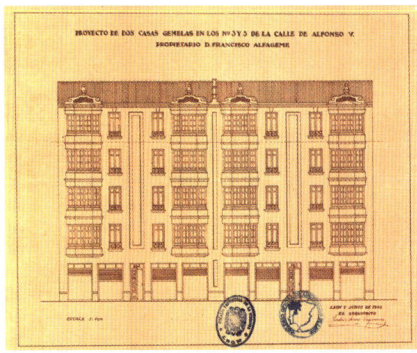

Fig. 105. Alzado de las casas gemelas de Francisco Alfageme en la calle Alfonso V. AHML

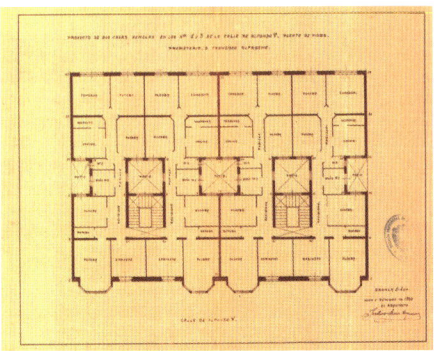

Fig. 106. Plano de planta de las casas gemelas de la calle Alfonso V. AHML

Fig. 107. Las casas gemelas de la calle Alfonso V. AHML

Fig. 108. Una de las casas gemelas de la calle Alfonso V. AHML

CALLE ALFONSO V Nº 3 Y 5 (AHML. EXP. 288/1940 – SIG. 1467/51)

Francisco Alfageme y Alfageme, en una parte de la huerta-jardín de su *chalet* de la calle de Ordoño II, encargó al arquitecto el proyecto de dos casas gemelas, con tres plantas de dos viviendas cada una, a las que se añadió otra en obra, bajos comerciales y, en la parte interior, en semisótano, las casas de los porteros.

El edificio se proyecta con una estructura de muros de carga y se organiza mediante cinco crujías paralelas a la fachada, distribuyendo en la central los patios que permiten dar luz y ventilación tanto a la caja de escalera, ubicada en la segunda crujía, como a varias dependencias.

La distribución de las viviendas es totalmente simétrica y como se señala en la memoria del proyecto cada una disponía de "…un comedor, cuatro alcobas, un gabinete, cocina con despensa, un ropero de pequeñas dimensiones, cuarto de baño, W.C. de servicio y los pasillos necesarios para dar entrada independiente a todas las dependencias enumeradas". Llama la atención que en este edificio, de alto nivel económico, no aparezca la galería al patio de manzana y el nivel de diseño del proyecto sea bastante sencillo.

Respecto a las fachadas, en cada una, tenemos el portal centrado sobre el que se sitúa un lienzo ciego que llega al alero; a los lados columnas de ventanas y de miradores de planta poligonal con ventanas reticuladas.

Los remates que diseña en el proyecto, sobre las columnas de miradores, los elimina en obra, posiblemente buscando algo de austeridad, para ajustarse al momento histórico.

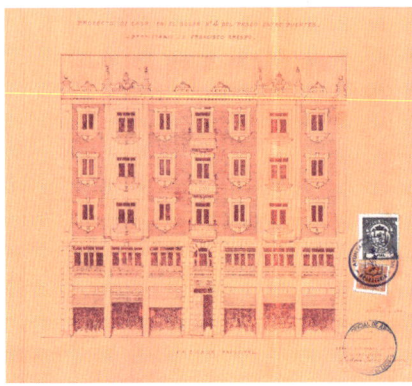
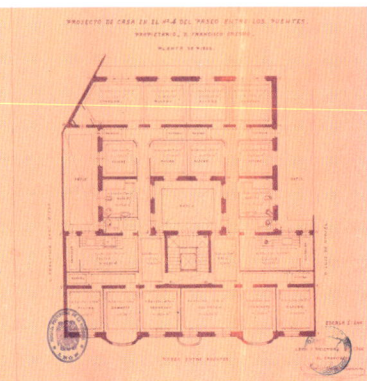

Fig. 109 y 110 Alzado de fachada y planta de pisos de la casa de Francisco Crespo

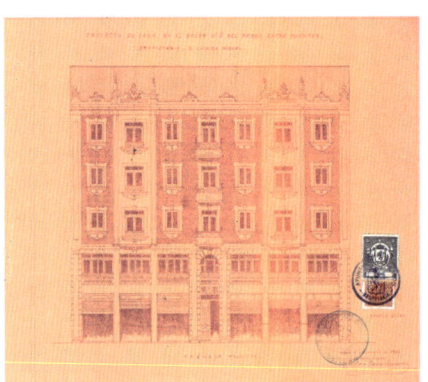
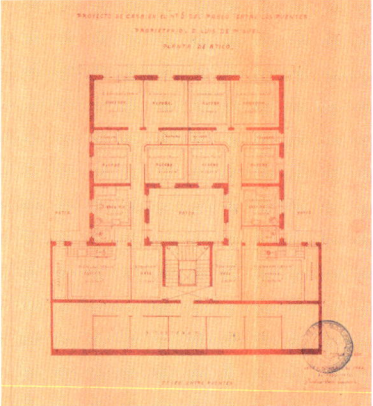

Fig. 111 y 112 Alzado de fachada y planta de pisos de la casa de Luis de Miguel

Fig. 113. Conjunto de las dos viviendas del Paseo de la Facultad, nº 4 y 5

PASEO DE LA FACULTAD (ANTES LEALTAD) Nº 5 (AHML. EXP. 228/1947 – SIG. 1497/68)

PASEO DE LA FACULTAD (ANTES LEALTAD) Nº 4 (AHML. EXP. 229/1947 – SIG. 1497/69)

Estas dos viviendas, gemelas como las anteriores, las encarga Francisco Crespo, nº 4, y Luis de Miguel, nº 5, dos socios que como señala Algorri García (2020):

> El desdoblamiento de una misma promoción en dos edificios gemelos era una práctica habitual cuando el tamaño de la parcela resultaba excesivamente grande para el esquema ordinario de escalera central y dos viviendas por planta.

El edificio se proyecta con planta baja comercial, entresuelo destinado a oficinas, tres plantas para viviendas y un ático que, en obra se convierte en una planta más.

Fig. 114. Casa del Paseo de la Facultad, nº 5

Fig. 115. Cuerpo ligeramente volado con acabado pétreo

Los dos edificios se proyectan con estructura de muros de carga con cinco crujías paralelas a la fachada, las tres últimas de menor tamaño por los patios laterales; en la crujía central se proyecta otro patio que da luz a la escalera.

La distribución está equilibrada, cada vivienda dispone de tres habitaciones a fachada, despacho, gabinete y alcoba; dos habitaciones al patio central; cocina, despensa, tocador, baño, inodoro y otra alcoba con ventanas a los patios laterales; comedor y una alcoba más al patio de manzana. Como en el anterior edificio se ha eliminado la galería.

Respecto a la fachada nos volvemos a encontrar una combinación de dos acabados: un revoco pétreo y ladrillo cara vista. La planta baja y la de oficinas, esta con grandes ventanales, tienen acabado pétreo y forman un solo cuerpo marcado por pilastra, en los extremos, y enmarcando el portal. El resto de la fachada presenta ladrillo cara vista, salvo dos cuerpos ligeramente volados y los recercos del resto de vanos, ventanas y balcones, profusamente decorados, que tienen acabado pétreo.

Se proyecta en la cornisa decoración de frontispicios, pináculos y guirnaldas que, al contrario del edificio anterior, aquí se colocan, pues ya avanzada la década de los cuarenta el «estilo de arquitectura nacional» exige la vuelta al historicismo en el que Sainz Ezquerra se encuentra muy cómodo.

Las dos casas se conservan.

Fig. 116. La cornisa con frontispicios, pináculos y guirnaldas se adapta a la curvatura de los cuerpos volados

Bibliografía

BIBLIOGRAFÍA

Algorri García, Eloy (2020) *Guía de arquitectura León*. Disponible en URL. *https:// algorriarquitecturadeleon.com/arquitecto/isidoro-sainz-ezquerra-rojas*

Algorri García, Eloy (2000) (Coordinador) *León. Casco Antiguo y Ensanche. Guía de Arquitectura.* León: Colegio Oficial de Arquitectos de León. Delegación de León del COAL.

Cavero Diéguez, Valentín (1988). *El ámbito geográfico y paisajístico de la ciudad de León*, en *La ciudad de León,* León: Ediciones Leonesas S. A.

Cortizo Álvarez, Tomás (1984). *León. Propiedad y producción de suelo*. Oviedo: Universidad de Oviedo.

Diario de León. (1914-1961)

Guerra García, Manuel (1997). "Isidoro Sainz Ezquerra y Rozas". En, *El Ensanche de la ciudad de León 1900-1950*, *Cincuenta años de arquitectura*. León: Colegio Oficial de Arquitectos de León. Santiago García

Pastrana, Luis (2002). *Políticas Ceremonias de León. Siglo XXI. Una historia íntima de la ciudad y sus tradiciones*. León: Ayuntamiento de León.

Ponga Mayo, Juan Carlos (1997). *El ensanche de la ciudad de León. 1900-1950. Cincuenta años de arquitectura*. León: Colegio Oficial de Arquitectos de León. Santiago García

Ponga Mayo, Juan Carlos (2009). *León Perdido. Construcciones singulares desaparecidas en la ciudad de León de 1800 a 2000*. León: Asociación de ingenieros industriales superiores de León.

Prieto Martínez, Ovidio (2022-2023). *Otra mirada.* En Diario de León.

Proa (1936-1961)

Reguera Diéguez, Antonio T. (1987). *La ciudad de León en el siglo XIX. Transformaciones urbanísticas en el período de transición al capitalismo*. León: Colegio Oficial de Arquitectos de León.

Reguera Diéguez, Antonio T. (1987). *La ciudad de León en el siglo XX. Teoría y práctica del urbanismo local*. León: Colegio Oficial de Arquitectos de León.

Serrano Laso, Manuel (1992). *La arquitectura doméstica en León a principios de siglo (1900-1923)*. León: Universidad de León.

Serrano Laso, Manuel (1993). *La arquitectura en León entre el historicismo y el racionalismo 1875-1936*. León: Universidad de León.

1.	Cementerio municipal
2.	Laboratorio municipal
3.	Edificio municipal de la plaza de San Marcelo
4.	Casa unifamiliar almacén Calle Sierra Pambley 12, esquina a San Agustín
5.	Casa de vecinos Calle Padre Arintero, esquina a la plaza Circular
6.	Gran vía de San Marcos 29 (6a) y Calle Ramiro Fernández Balbuena 5 (6b)
7.	Fca. de chocolates, c/ E del ensanche sur (7a) y fca. de chocolates, c/ B del ensanche (7b)
8.	Calle Padre Isla nº 57
9.	Paseo Condesa de Sagasta I
10.	Paseo Condesa de Sagasta II
11.	Calle Padre Isla nº 3
12.	Calle Ramón y Cajal nº 9
13.	Calle de Ramiro Fernández Balbuena
14.	Plaza Cortes Leonesas, esquina calle del Fuero
15.	Avenida de Roma nº 4
16.	Calle Renueva nº 15
17.	Plaza Circular, esquina calle Julio del Campo
18.	Calle Burgo Nuevo, esquina calle Villafranca
19.	Calle La Torre nº 3
20.	Paseo de la Condesa de Sagasta 38-40
21.	Ordoño II nº 13, esquina calle Gil y Carrasco
22.	Calle Gil y Carrasco nº 7, esquina Burgo Nuevo
23.	Calle Bernardo del Carpio nº 22
24.	Calle Alfonso V nº 3 y 5
25.	Paseo de la Facultad (antes Lealtad) nº 4 y 5

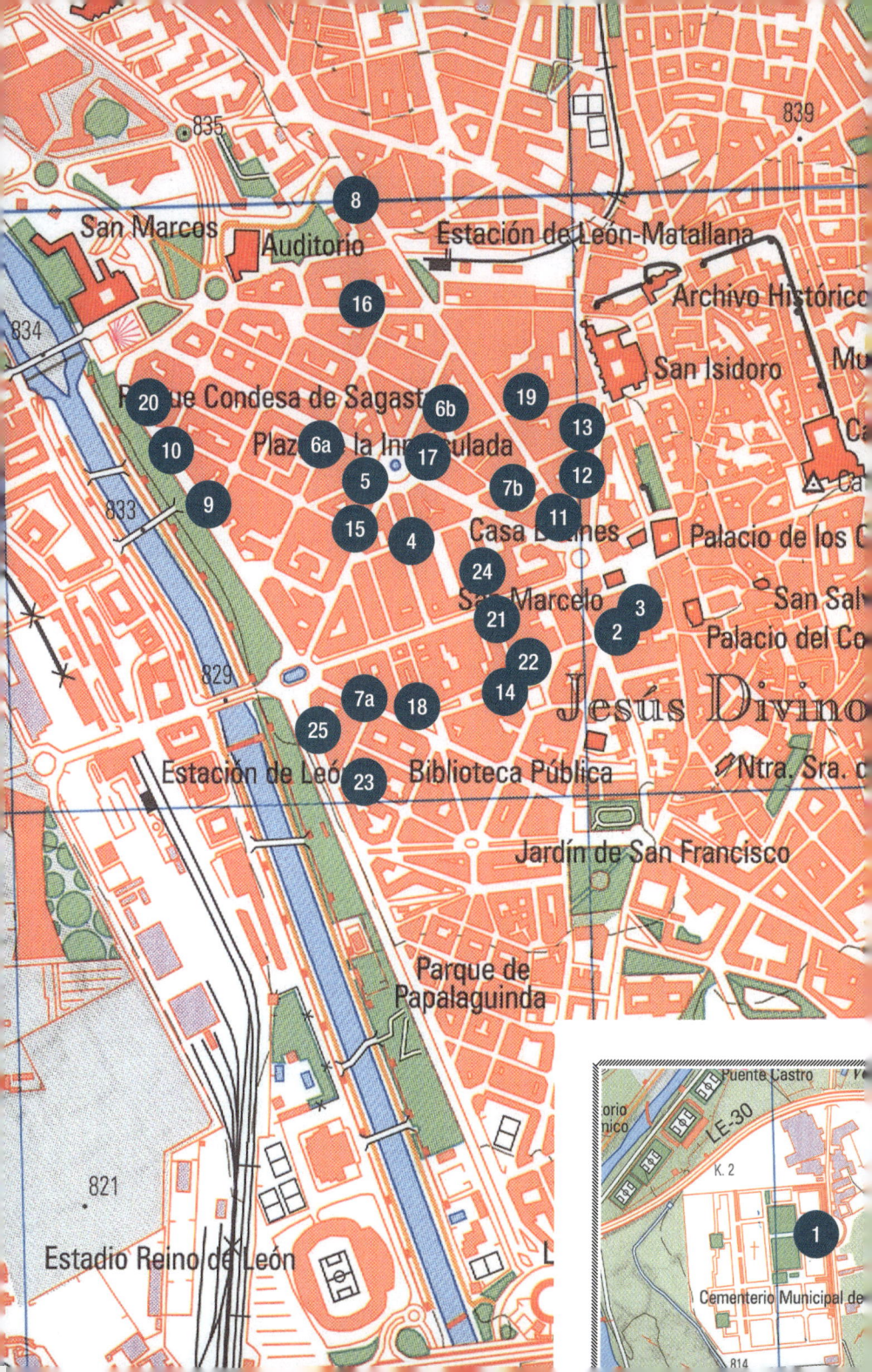

TB-6-5